TINTO

Buchstabenkurs
Schreib- und Lesekurs
Druckschrift, Teil B

von

Dr. Rüdiger Urbanek

Karen Gronau

Anke Müller-Vaupel

illustriert von

Eva Czerwenka und Isabelle Metzen

Cornelsen

Seite 6

Seite 40

Aus **a** wird **ä**:

die Hand ↔ die Hände

schlafen ↔ er schläft

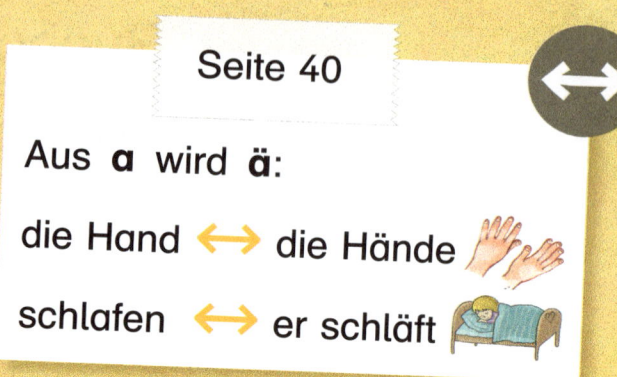

Seite 60

Du hörst:

Sch wie in ,

dann **T** wie in .

Du schreibst:

St wie in .

Seite 62

Du hörst:

Sch wie in ,

dann **P** wie in .

Du schreibst:

Sp wie in .

ab Seite 67

A E I O U ,

Au Eu Ei

sind auch dabei.

Seite 78

Aus **au** wird **äu**:

die Maus ⟷ die Mäuse

Wenn du etwas fertig bearbeitet hast, darfst du es ankreuzen.

Das habe ich in Heft A gelernt

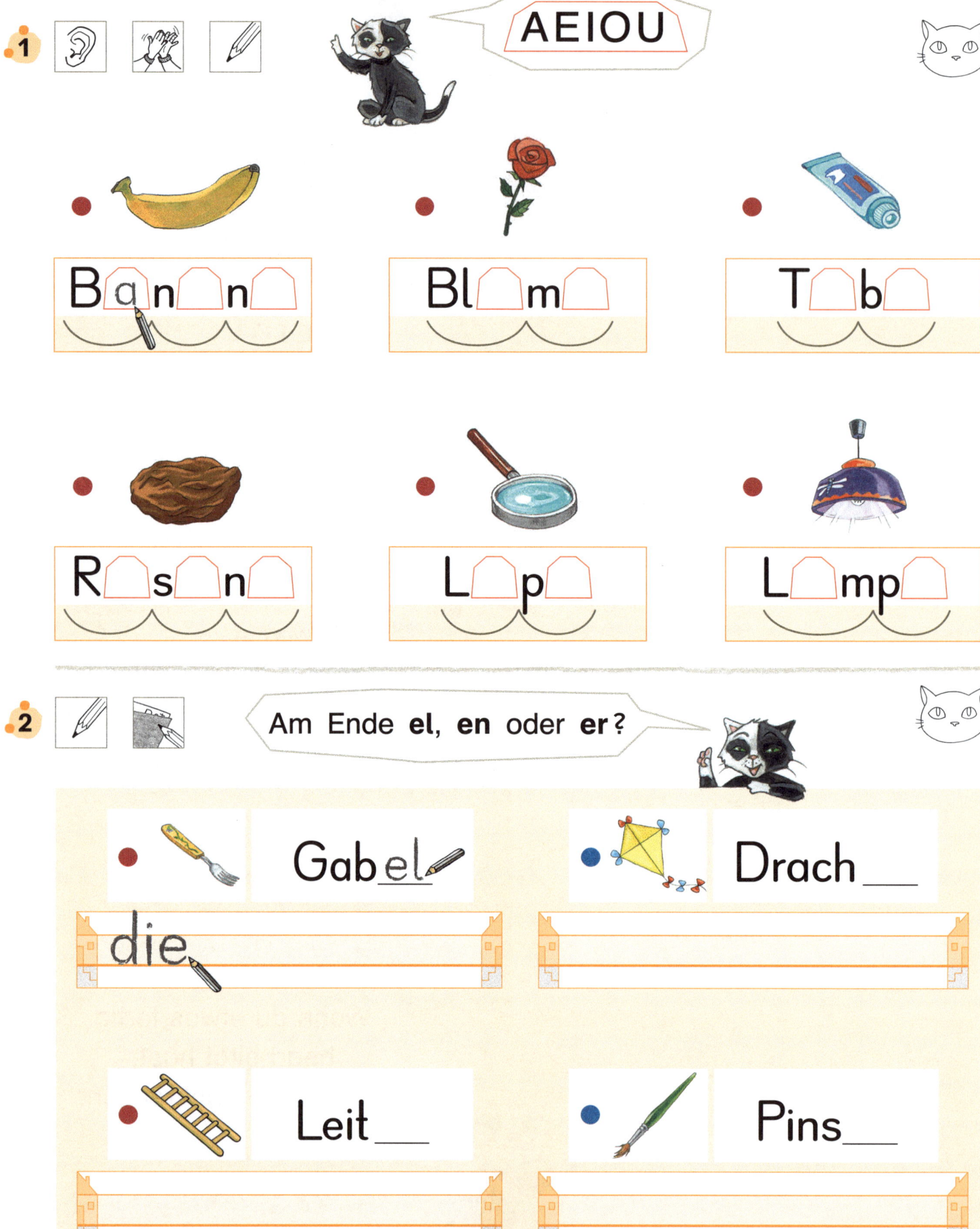

1 AEIOU

Banane

Blume

Tube

Rosine

Lupe

Lampe

2 Am Ende **el**, **en** oder **er**?

Gabel

die

Drach___

Leit___

Pins___

1: Silben schwingen oder klatschen, fehlende Dachbuchstaben in die Silben eintragen
2: Endung en, el, er oder e eintragen, Wort mit Artikel abschreiben

3

rechnen ⟶ ich rechne

	rechn**en**	ich rechne
	les___	
	bad___	
	helf___	
	lach___	

4

Fatma und Tim lesen ein Buch. ◯
Fatma und Tim malen ein Bild. ◯

Tim bastelt einen Drachen. ◯
Tim bastelt ein Domino. ◯

Tim besucht oft seinen Opa. ◯
Tim besucht oft seine Oma. ◯

3: Endung eintragen, Ich-Form bilden und Wort schreiben, Endungen en und e markieren;
4: passenden Satz zum Bild ankreuzen

Z z

1

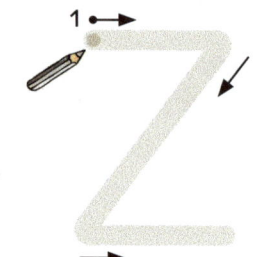

2

 1.  2.  3.  4.  5.

 Zebra

 Zoo

 tanzen

 Im Zoo tanzen Zebras

Ich tanze. Im

 1: Z z mit mindestens drei Farben nachspuren und in Lineatur schreiben; 2: Wörter und Satz nachspuren und abschreiben;
Tipp: auf Großschreibung am Satzanfang und Punkt am Satzende hinweisen

3 🦻 ✏️ | Z | z | z |

4 🦻 👏 ✏️

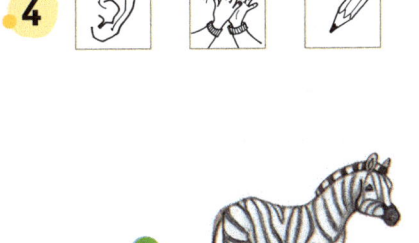

$\underline{Z}\,\underline{e}\,\underline{b}\,\underline{r}\,\underline{a}$ ✏️

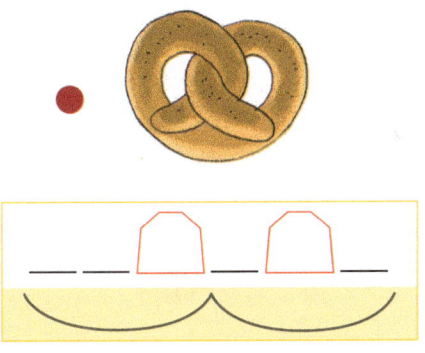

🐾 📋

der Prinz, der Prinz

Der Prinz malt.

Der Prinz malt Herzen.

Z z

 5

Prinz	◯
Pilz	◯
Pelz	◯

Pilot	◯
Pirat	◯
Pinsel	◯

Herz	◯
Herd	◯
Helm	◯

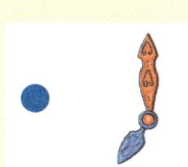

Zeichen	◯
Zeiger	◯
Zeile	◯

6

Male **A E I O U** in den Silben an.

 Zug

 Zebra

 Polizist

 Salz

 Zitrone

  5: passendes Wort zum Bild ankreuzen;
6: Bild mit passendem Wort verbinden, Dachbuchstaben markieren, Wort abdecken und abschreiben

Seltsamer Zoo

Der Esel ist lila.

Der rote Elefant tanzt.

Das gelbe Zebra

rennt zur rosa Giraffe.

Das Nashorn ist

in einem bunten Zelt.

Der Tiger frisst gelbe Zitronen.

  Suche passende Namen:

7: Text lesen, Bild passend anmalen; **Diff.:** Tandemlesen/Z z suchen und markieren;
🐾: mit dem Buchstabenhaus Tiernamen schreiben; **Diff.:** Namen für das Fantasietier erfinden

9

Au au

1 ✏️

Au Au   Au   Au

au au   au   au

2 ✏️ 🧽

Baum

Auto

blau

laut

Das blaue Auto hupt laut.

Das

1: Au au mit mindestens drei Farben nachspuren und in Lineatur schreiben;
2: Wörter und Satz nachspuren, abdecken und abschreiben ⚠

3   Au au au

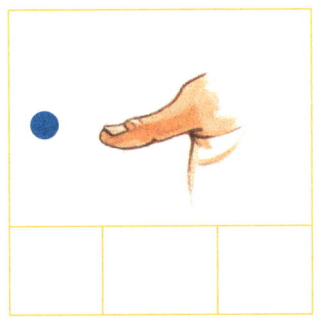

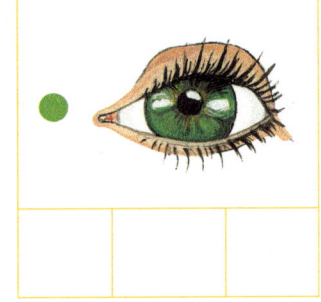

4

A E I O U, Au und Ei sind auch dabei.

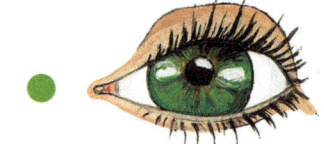

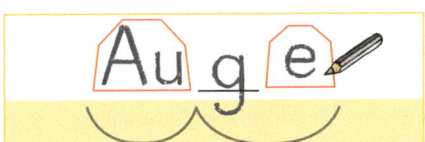
Au g e

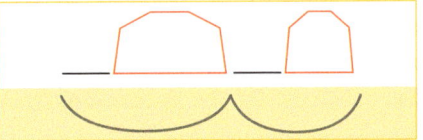

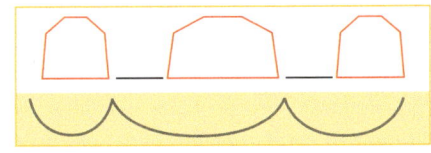

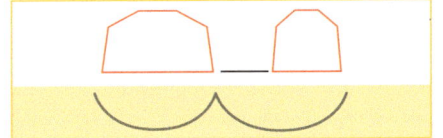

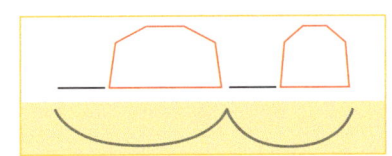

grau, grau, grau, grau

das Haus, das Haus

Das Haus ist grau.

3: Au au hören (Anlaut/Inlaut/Auslaut) und schreiben;
4: Silben schwingen oder klatschen, fehlende Buchstaben ergänzen ⟳

11

Au au

5

● 🏠	Haus ○	
	Maus ○	
	Faust ○	

Aula ○	
Auto ○	
Auge ○	

● 🪣	Eisen ○
	Eifer ○
	Eimer ○

Leiter ○
Leine ○
Leier ○

6

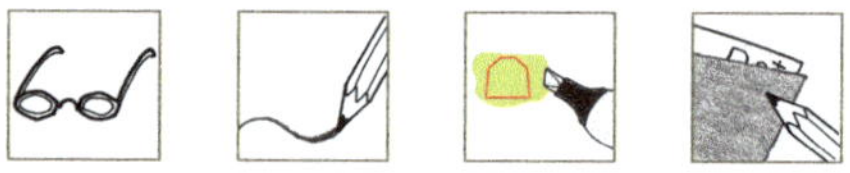

Male alle A E I O U in den Silben an.
Auch Au ist dabei!

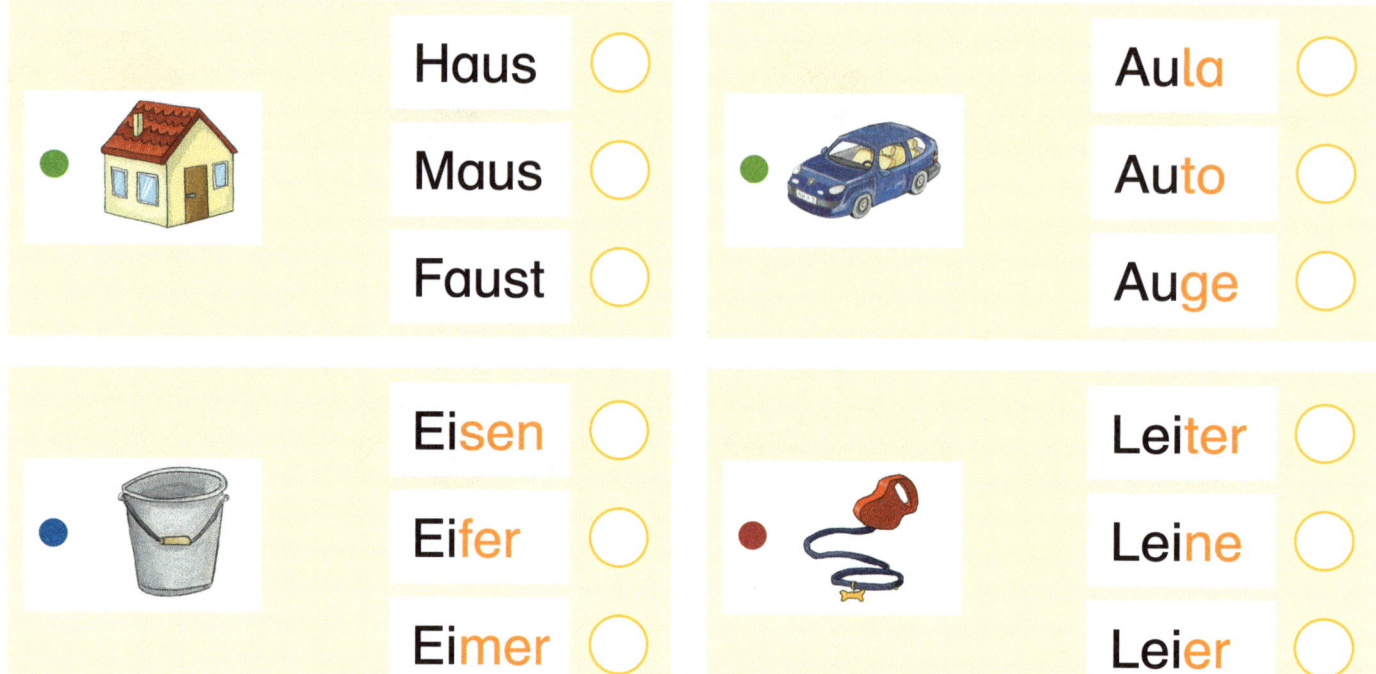

- Zaun
- Auge
- Baum
- Auto
- Daumen

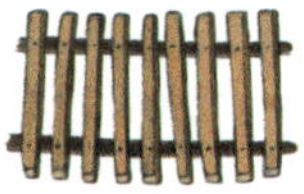

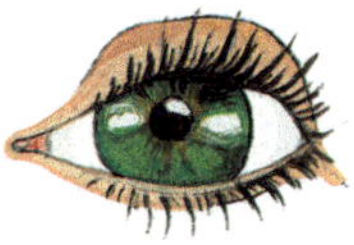

5: passendes Wort zum Bild ankreuzen;
6: Bild mit passendem Wort verbinden, Dachbuchstaben markieren, Wort abdecken und abschreiben

Zauberer Mauro

Mauro ist ein Zauberer.

Sein Bart ist grau.

Sein Mantel ist braun.

Auf seinem roten Hut

ist eine graue Taube.

Mauro ruft:

Simsalabim!

  Mauro hat gezaubert:

▶ _____

▶ _____

▶ _____

▶ _____

▶ _____

▶ _____

K k

1

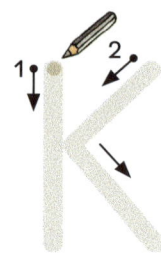 K k  k

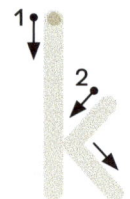 k  k

---

2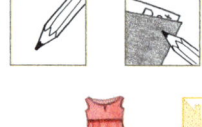

 Kleid

 Kuchen

 Kind

 koufen

 Das Kind kauft Kuchen.

Das

  1: K k mit mindestens drei Farben nachspuren und in Lineatur schreiben;
2: Wörter und Satz nachspuren, abdecken und abschreiben ●

3 | K | k | k |

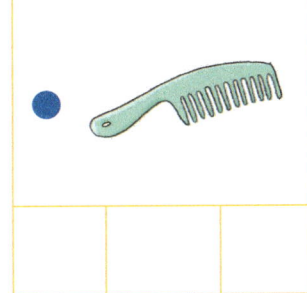

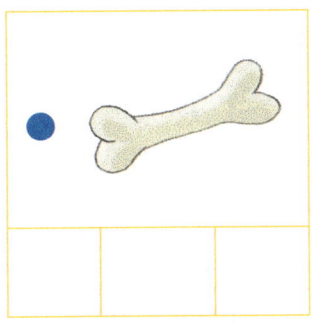

4

P a k e t

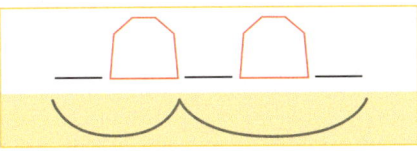

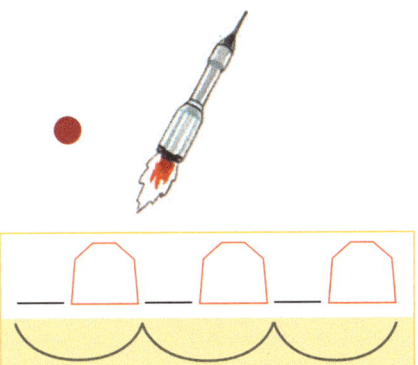

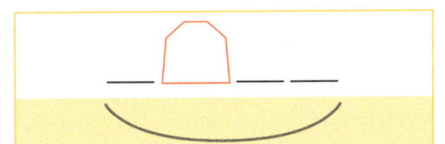

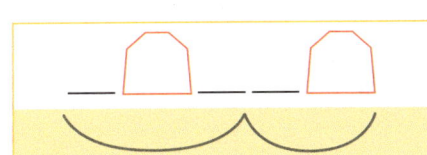

keiner, keiner, keiner

kann, kann, kann, kann

Keiner kann kommen.

K k

- Kante ○
- Karte ○
- Kasten ○

- Kater ○
- Kamel ○
- Kakadu ○

- Papa ○
- Papagei ○
- Paket ○

- Krokus ○
- Krone ○
- Krokodil ○

Male alle **A E I O U** in den Silben an.
Au und **Ei** sind auch dabei!

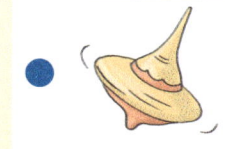 • Kleid

 • Kreisel

 • Kraut

 • Kreis

 • Kreide

5: passendes Wort zum Bild ankreuzen;
6: Bild mit passendem Wort verbinden, Dachbuchstaben markieren, Wort abdecken und abschreiben

Im Zirkus

Eine Frau

im roten Kleid tanzt.

Der Mann auf dem Seil

hat eine Krone auf.

Der Zauberer kann

ein blaues Tuch zaubern.

Der Mann auf der bunten

Kugel ist der Direktor.

  Das kann ich im Kinder-Zirkus:

7: Text lesen, Bild passend anmalen; **Diff.:** Tandemlesen/K k suchen und markieren;
🐾: mit dem Buchstabenhaus zum Bild schreiben

17

1

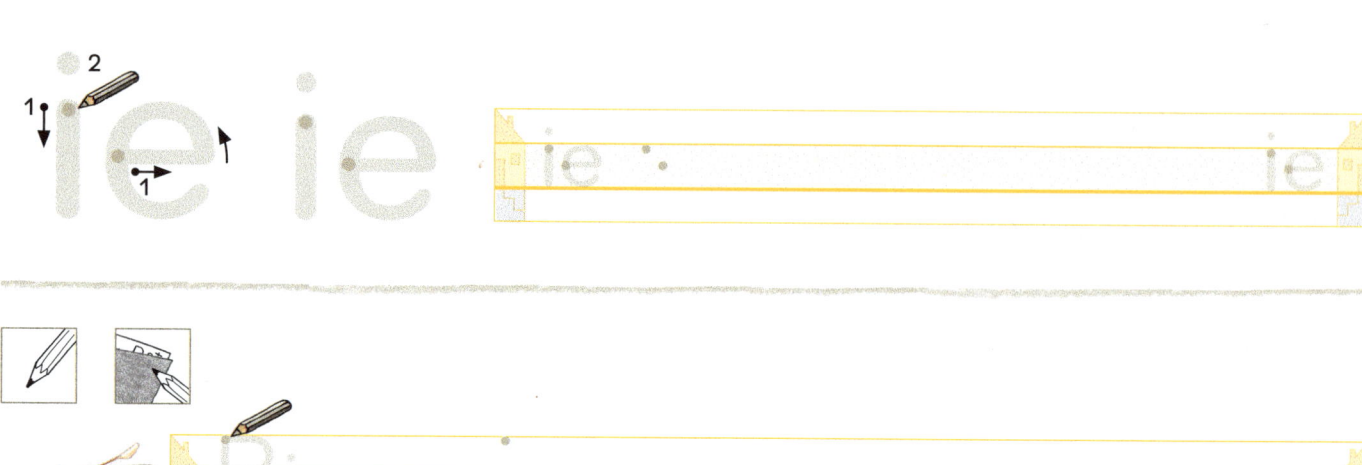

ie   ie   ie   ie

2

Biene

Fliege

Knie

fliegen

lieben

liegen

Fliegen und Bienen fliegen.

1: ie mit mindestens drei Farben nachspuren und in Lineatur schreiben;
2: Wörter und Satz nachspuren, abdecken und abschreiben

3 ie ie

4 A E I O U,
ie, Au, Ei sind auch dabei.

S ie b

die Ziege, die Ziege

Die Ziege liegt.

Die Ziege liegt im Gras.

3: ie hören (Anlaut/Inlaut/Auslaut) und schreiben; **Tipp:** auf die ie-Schreibung als Normalfall für die Schreibung des langen I-Lautes hinweisen; 4: Silben schwingen oder klatschen, fehlende Buchstaben ergänzen

19

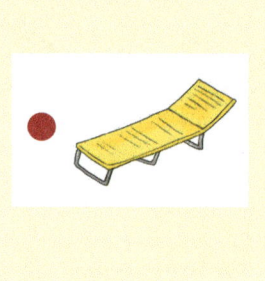

Lie**be** ◯	
Lie**ge** ◯	
Lau**be** ◯	

Ze**bra** ◯	
Zie**gel** ◯	
Zie**ge** ◯	

Ro**se** ◯	
Rie**se** ◯	
Ra**sen** ◯	

Flie**se** ◯	
Flie**ge** ◯	
Flie**der** ◯	

Male **ie** an.

 • Bie**ne**

 • Lie**ge**

• Sieb

• Flie**ge**

• Zie**ge**

  5: passendes Wort zum Bild ankreuzen;
6: Bild mit passendem Wort verbinden, ie markieren, Wort abdecken und abschreiben

Amanda zaubert

Amanda liebt Blumen.

Sie zaubert drei Tulpen

in das Glas.

Amanda liebt Eis.

Sie zaubert ein riesiges Eis

mit sieben Kugeln.

Amanda liebt Tiere.

Sie zaubert einen Hasen

in den Korb.

  Amanda zaubert kleine Tiere riesig:

7: Text lesen, Bild passend anmalen; **Diff.:** Tandemlesen/ie suchen und markieren;
: mit dem Buchstabenhaus zum Bild schreiben

21

1

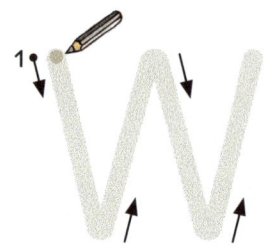 W

W

2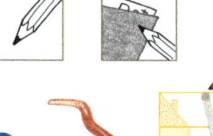

 Wurm

 Wiese

 Wasser

 weinen

Der Wurm will auf die Wiese.

1: W w mit mindestens drei Farben nachspuren und in Lineatur schreiben;
2: Wörter und Satz nachspuren, abdecken und abschreiben

3 | W | w |

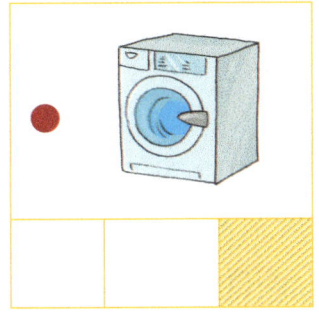

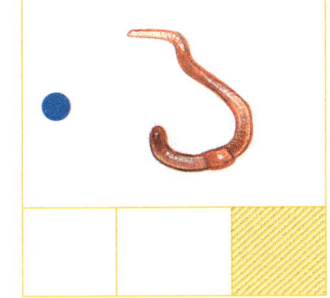

4

W o l k e

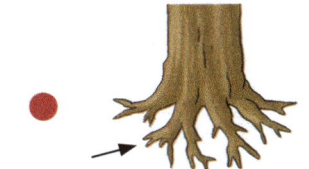

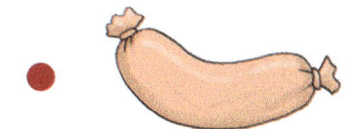

wandern, wandern

wollen, wollen, wollen

Wir wollen wandern.

W w

- Wabe ○
- Wagen ○
- Wade ○

- warten ○
- wandern ○
- wagen ○

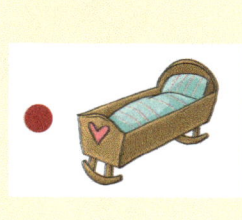

- Wiege ○
- Wiesel ○
- Wiese ○

- werben ○
- wenden ○
- werfen ○

- der
- die
- das

 • Wolf

 • Gewicht → das Gewicht

 • Wolke

 • Wurm

 • Wiege

 5: passendes Wort zum Bild ankreuzen;
6: Bild mit passendem Wort verbinden, Wort abdecken und mit Artikel abschreiben

Ein buntes Fest

Alle feiern zusammen.

Fatma ist eine Polizistin.

Sie hat eine blaue Weste an.

Tim ist ein wilder Pirat.

Er tanzt auf dem roten Teppich.

Lars ist ein Ritter.

Er wirft einen braunen Ball hoch.

   Was willst du sein?

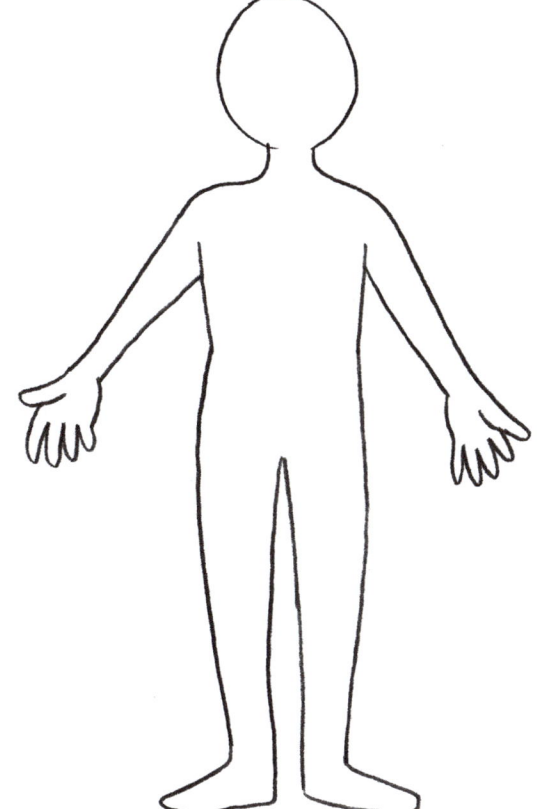

7: Text lesen, Bild passend anmalen; **Diff.:** Tandemlesen/W w suchen und markieren; : mit dem Buchstabenhaus zum Bild schreiben

25

Sch sch

 1

Sch .... Sch

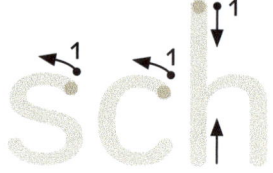

sch .... sch

 2

 Schere

 schneiden

 waschen

 schwarz

Ich schneide mit der Schere.

  1: Sch sch mit mindestens drei Farben nachspuren und in Lineatur schreiben;
2: Wörter und Satz nachspuren, abdecken und abschreiben ⚠

3 | Sch | sch | sch |

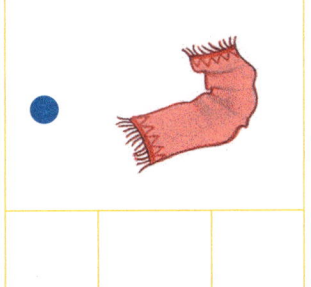

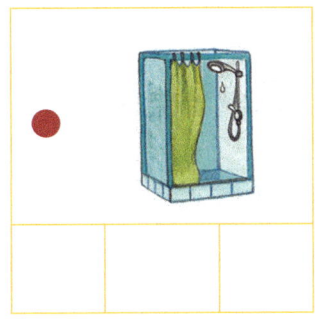

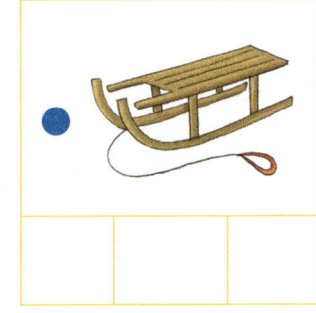

4

Sch i r m

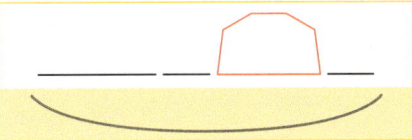

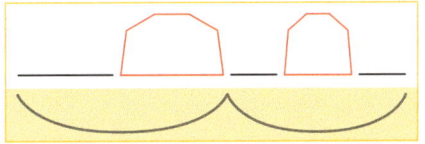

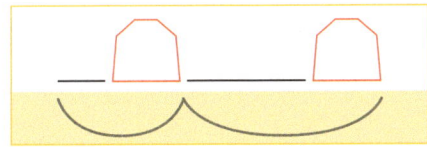

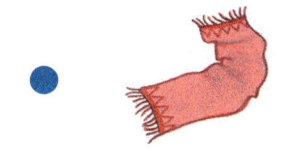

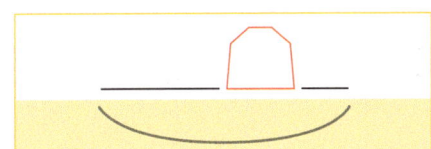

die Tasche, die Tasche

schwer, schwer, schwer

Die Tasche ist schwer.

3: Sch sch hören (Anlaut/Inlaut/Auslaut) und schreiben;
4: Silben schwingen oder klatschen, fehlende Buchstaben ergänzen ⟳

Sch sch

5

- waschen ◯
- duschen ◯
- wischen ◯

- Tasche ◯
- Flasche ◯
- Dusche ◯

- Schnee ◯
- Schwamm ◯
- Schere ◯

- Schirm ◯
- Schiff ◯
- Schild ◯

6

Male Sch sch an.

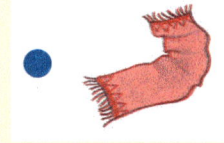   • Flasche

   Schal

der

   Tisch

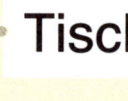   Schwein

   Schere

5: passendes Wort zum Bild ankreuzen;
6: Bild mit passendem Wort verbinden, Sch sch markieren, Wort abdecken und mit Artikel abschreiben

Komische Schule

Ein roter Schneemann

liest ein Buch.

Ein blauer Schwamm

schreibt ein Wort an die Tafel.

Die gelbe Schere meldet sich.

Die rosa Schultasche nascht

schwarze Schokolade.

  Was ist hier komisch?

▸ _____

▸ _____

▸ _____

▸ _____

▸ _____

▸ _____

7: Text lesen, Bild passend anmalen; **Diff.:** Tandemlesen /Sch sch suchen und markieren;
🐾: mit dem Buchstabenhaus zum Bild schreiben

29

1

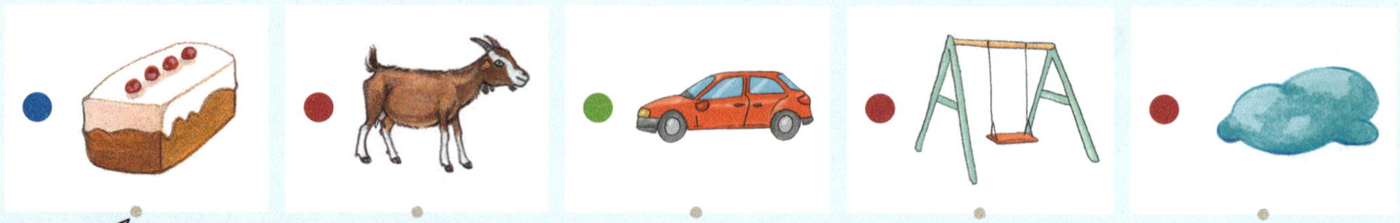

Z   Au   K   W   Sch

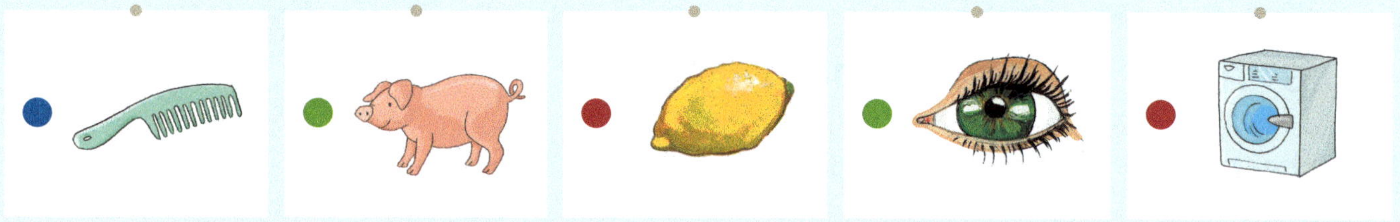

2

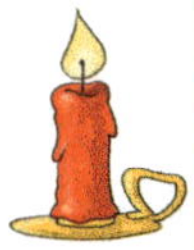

die
Kerze

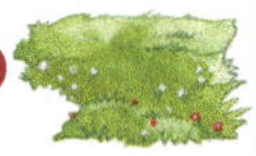

Wiese

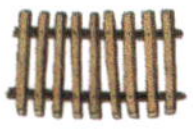

Zaun

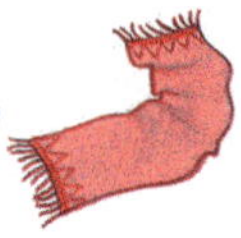

Schal

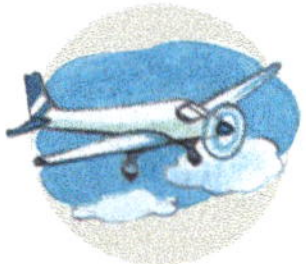

fliegen

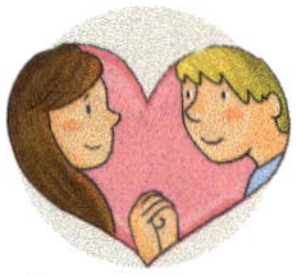

lieben

1: Bilder passend mit den Anlauten verbinden;
2: Wörter in Lineatur schreiben

3

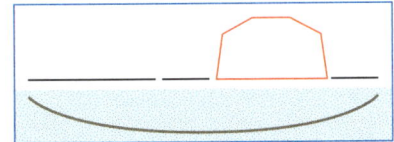
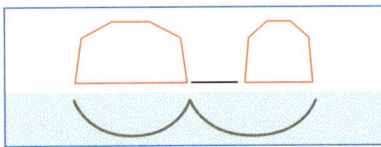
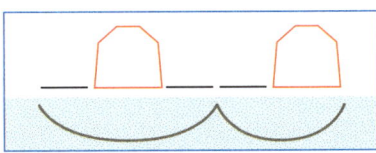

4

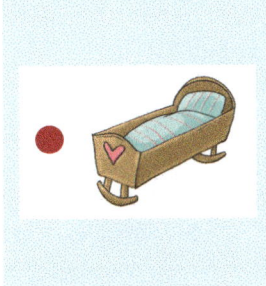

Ziege ○

Liege ○

Wiege ○

Schaukel ○

Schaufel ○

Schaum ○

5

Die Frau am Fenster weint. ○

Die Frau am Fenster lacht. ○

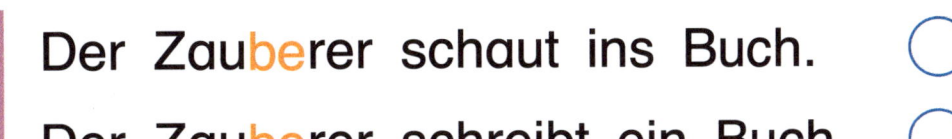

Der Zauberer schaut ins Buch. ○

Der Zauberer schreibt ein Buch. ○

Tinto liegt auf der Wiese. ○

Tinto liegt in der Wiege. ○

 1

 2

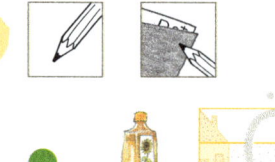 Öl

 Königin

 Flöte

  hören

 Die Königin hört eine Flöte.

1: Ö ö mit mindestens drei Farben nachspuren und in Lineatur schreiben;
2: Wörter und Satz nachspuren, abdecken und abschreiben

3 Ö ö

4 A E I O U ,
auch das Ö gehört dazu.

der König, der König

Der Löwe ist der König.

Der Löwe ist der König der Tiere.

3: Ö ö hören (Anlaut/Inlaut) und schreiben; **Tipp:** Lang- und Kurzvokal kontrastiv sprechen;
4: Silben schwingen oder klatschen, fehlende Buchstaben ergänzen

33

Ö ö

5

o → ö

 der **Frosch** → die Frösche

 der **Wolf** → die _____

 der **Koch** → die _____

 der **Korb** → die _____

6   en/e

ölen → <u>ich</u> öle

 öl<u>en</u> → ich öle

 flöt___ → _____

 hör___ → _____

 dös___ → _____

 5: Mehrzahl bilden und mit Artikel schreiben;
6: Endung eintragen, Ich-Form bilden und Wort schreiben, Endungen en und e markieren

Braucht Tim eine Brille?

 ist beim Augenarzt.

Er soll  erkennen.

Er erkennt den Igel und die  .

Er erkennt auch den  .

Alle anderen  erkennt er nicht.

Tim braucht eine  .

 Wie soll ein Wartezimmer sein?

-h

In manchen Wörtern hört man das h nicht. Male **ah**, **eh**, **oh**, **uh** an.

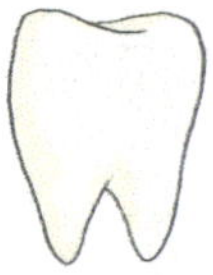

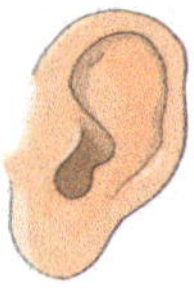

1

Leh**rer**

Huhn

Ohr

Fah**ne** — die

Zahn

2

Er ist im Mund.	der Leh**rer**
Er ar**bei**tet in der Schu**le**.	das Huhn
Es legt Ei**er**.	die Fah**ne**
Sie weht im Wind.	der Zahn
Es reimt sich auf Rohr.	das Ohr

1: Bild mit passendem Wort verbinden, ah, eh, oh oder uh markieren, Wort abdecken und mit Artikel abschreiben;
2: Satz mit passendem Wort verbinden

Die Zahnfee

Fatmas Zahn ist ausgefallen. ○

Sie zeigt den Zahn ihrem Opa. ○

Fatma ist in ihrem Bett. ○

Sie legt den Zahn in ihr Regal. ○

Tinto liegt auf dem Bett. ○

Nachts kommt die Zahnfee. ○

  Was hat die Zahnfee wohl gebracht?

1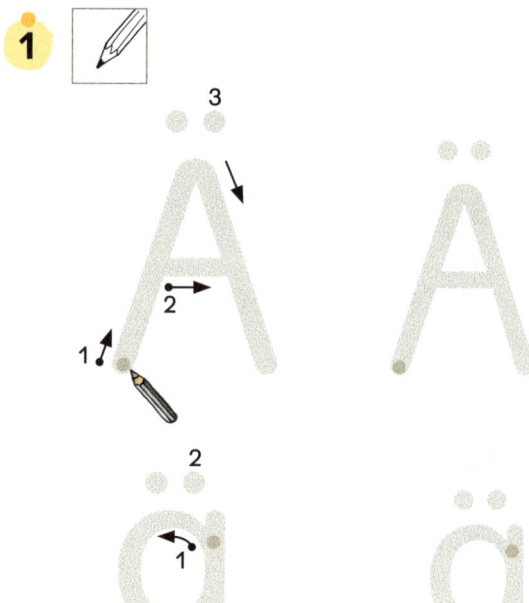

Ä Ä Ä Ä

ä ä ä ä

2

 Mädchen

 Käfer

 zählen

 schälen

Das Mädchen zählt Käfer.

 38   1: Ä ä mit mindestens drei Farben nachspuren und in Lineatur schreiben;
2: Wörter und Satz nachspuren, abdecken und abschreiben

3

Male **ä** an.

Käfer

Träne

Mädchen

Käse — der

Säge

4

A E I O U,
auch das Ä gehört dazu.

der Bär, der Bär
wärmen, wärmen
Der Bär wärmt sich.

3: Wort mit passendem Bild verbinden, ä markieren, Wort abdecken und mit Artikel abschreiben;
4: Silben schwingen, fehlende Buchstaben ergänzen ; **Tipp:** Lang- und Kurzvokal kontrastiv sprechen

39

Ä ä

5   a/ä  a ⟷ ä

 der **Bart** ⟷ **die Bärte**

 der **Kran** ⟷ **die**

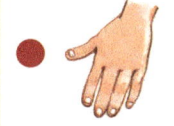 die **Hand** ⟷ die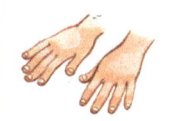

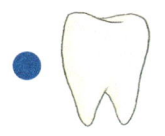 der **Zahn** ⟷ die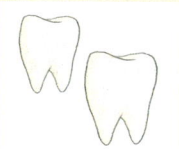

6   a/ä  a ⟷ ä

 **schlafen** **sie schläft**

 **w__schen** sie

 **tr__gen** sie

 **h__lten** sie

  5: Mehrzahl bilden und mit Artikel schreiben, a/ä markieren ⟷;
6: a eintragen, Sie-Form bilden und Wort schreiben, a/ä markieren ⟷

Zahnmonster

Zahnmonster wohnen im Mund.

Das blaue Monster bohrt ein Loch.

Das gelbe Monster schläft.

Das rote Monster

schlägt auf die Zähne.

Das braune Monster

frisst Kuchenreste.

Deine Zähne mögen keine Zahnmonster.

  Was mögen deine Zähne?

7: Text lesen, Bild passend anmalen; **Diff.:** Tandemlesen/ä suchen und markieren; 🐾: mit dem Buchstabenhaus zum Bild schreiben

41

1

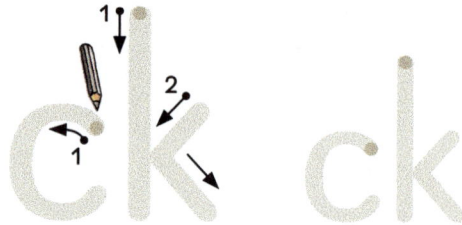 ck ck

2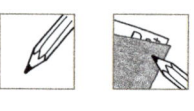

 Zucker

 Schnecke

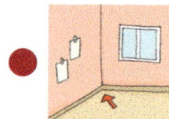 Ecke

 Decke

 hocken

 lecker

In der Ecke hockt die Schnecke.

   1: ck mit mindestens drei Farben nachspuren und in Lineatur schreiben;
2: Wörter und Satz nachspuren, abdecken und abschreiben

Picknick

Die rote Decke

hat einen braunen Fleck.

Auf dem Tisch

sind leckere Sachen:

Brot aus der Bäckerei,

drei Birnen, Weintrauben,

Käse, Wurst und Butter.

Auch zwei Schnecken finden das lecker.

   Was findest du lecker?

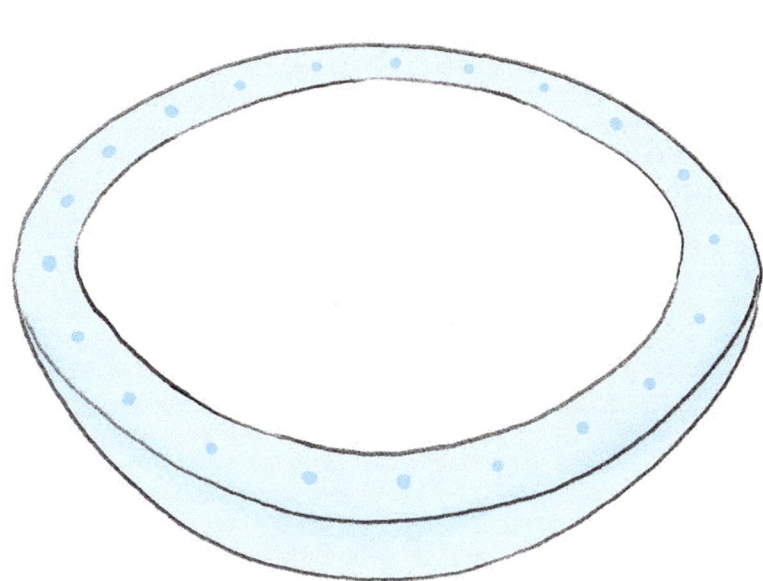

3: Text lesen, Bild passend anmalen; **Diff.:** Tandemlesen/ck suchen und markieren;
: mit dem Buchstabenhaus zum Bild schreiben

43

1

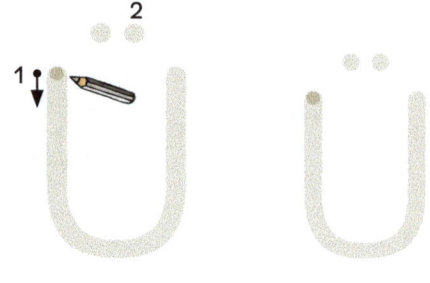

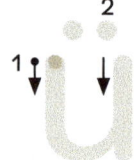 

2

Würfel

Tüte

müde

grün

In der Tüte sind grüne Würfel.

1: Ü ü mit mindestens drei Farben nachspuren und in Lineatur schreiben;
2: Wörter und Satz nachspuren, abdecken und abschreiben

3

- Ge**biss** ○
- Ge**schäft** ○
- Ge**müse** ○

- Tür**me** ○
- Tür ○
- Tür**griff** ○

- Wür**s**te ○
- Wür**mer** ○
- Wür**fel** ○

- Rü**cken** ○
- Rü**be** ○
- Rü**ge** ○

4

A E I O U,
auch das Ü gehört dazu.

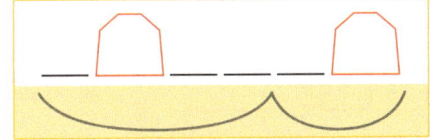

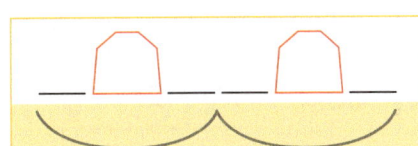

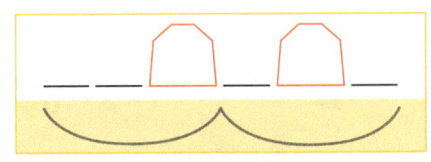

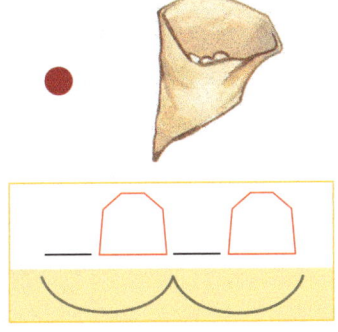

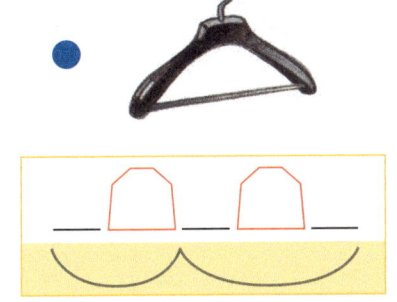

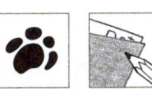

Gemüse, Gemüse, Gemüse

grünes Gemüse, grünes Gemüse

Grünes Gemüse schmeckt lecker.

Ü ü

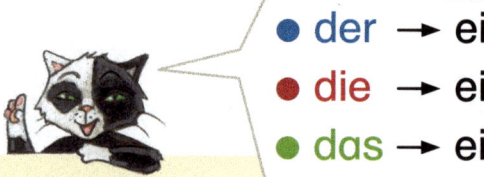

● der → ein
● die → eine
● das → ein

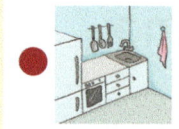 ● <u>die</u> Kü**che** → eine

 ● ____ Müs**li** →

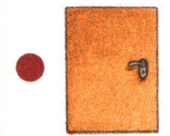 ● ____ Tür →

 ● ____ Schü**ler** →

 ● ____ Gür**tel** →

 u → ü

 ● der Wurm → die Würmer

 ● das Buch → die

 ● das Tuch → die

5: Artikel eintragen, Wort mit unbestimmtem Artikel schreiben;
6: Mehrzahl bilden und mit Artikel schreiben

Ein leckeres Müsli

So macht man ein | gutes / grünes | Müsli.

Zuerst schneidet man | Früchte / Gemüse | klein.

Dann gibt man Haferflocken in die | Tüte / Schüssel | .

Man kann auch | Nüsse / Küsse | hineintun.

Dann kommt die | Milch / Bürste | dazu.

Nun | rührt / bügelt | man alles um.

  Was isst du morgens gerne?

Das kann ich schon

1

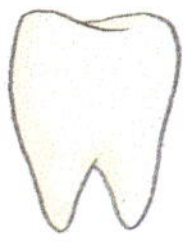

• der
Zahn

• Ecke

• Würfel

• Schüler

• hören

• zählen

2

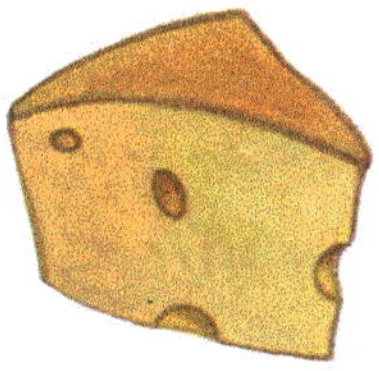

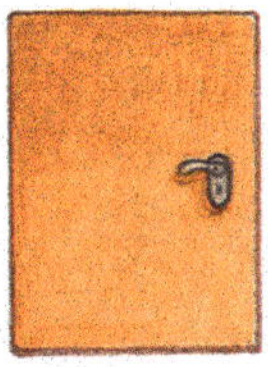

1: Wörter in Lineatur schreiben;
2: Silben schwingen oder klatschen, fehlende Buchstaben ergänzen

Die Würfel sind auf der Tüte. ◯

Die Würfel sind in der Tüte. ◯

Fatma hört ihren Wecker. ◯

Fatma föhnt ihren Wecker. ◯

Fatma hat eine Zahnlücke. ◯

Fatma hat eine Zuckerdose. ◯

Beim Zahnarzt

Das grüne Krokodil muss

zum Zahnarzt.

Es hat zwei schwarze Zähne.

Der nette Arzt trägt

ein rotes Hemd und

eine blaue Hose.

Am Waschbecken

liegt eine rote Zahnbürste.

 **-ng**

1

 ng   ng   ng   ng

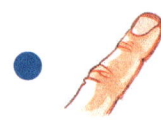 • Finger

 • Ring

Der Ring ist am Finger.

---

2 👂 ✏️ 🟨 | ng | ng |

 •

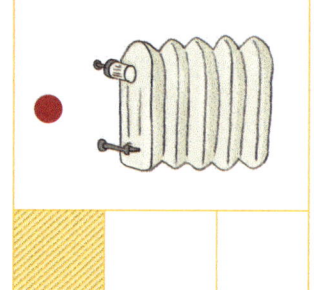 •

 •

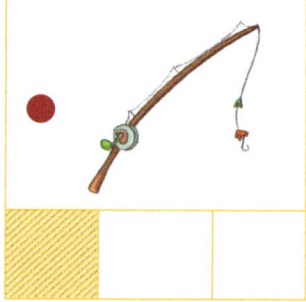 •

 •

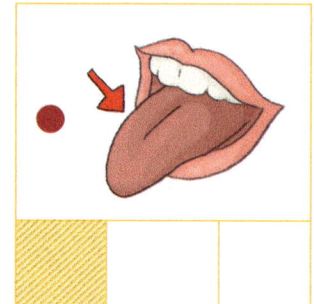 •

🐾 ✏️

Die Sänger singen schön.

Der Angler angelt Fische.

Die Klingel klingelt laut.

  1: ng mit mindestens drei Farben nachspuren; in Lineatur schreiben;
Wörter und Satz nachspuren, abdecken und abschreiben; 2: ng hören (Inlaut/Auslaut) und schreiben

3

bringen → ich bringe

	bri**ng**en	ich bringe
	si___en	
	fa___en	
	ri___en	
	schli___en	

4

Frühlingstag

Es ist Frühling. ○

Die Sonne scheint nicht. ○

Wolken hängen am Himmel. ○

Die Kinder singen zur Gitarre. ○

Die Lehrerin bringt Eis. ○

Alle Kinder fangen an zu weinen. ○

3: ng eintragen, Ich-Form bilden und Wort schreiben, ng markieren;
4: passende Sätze zur Bildfolge ankreuzen; Diff.: Tandemlesen/ng suchen und markieren

1

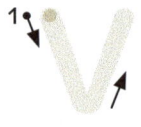 

2

 Vase

 Vorhang

 Vogel

 viele

Auf der Wiese sind vier Vögel.

  1: V v mit mindestens drei Farben nachspuren und in Lineatur schreiben;
2: Wörter und Satz nachspuren, abdecken und abschreiben

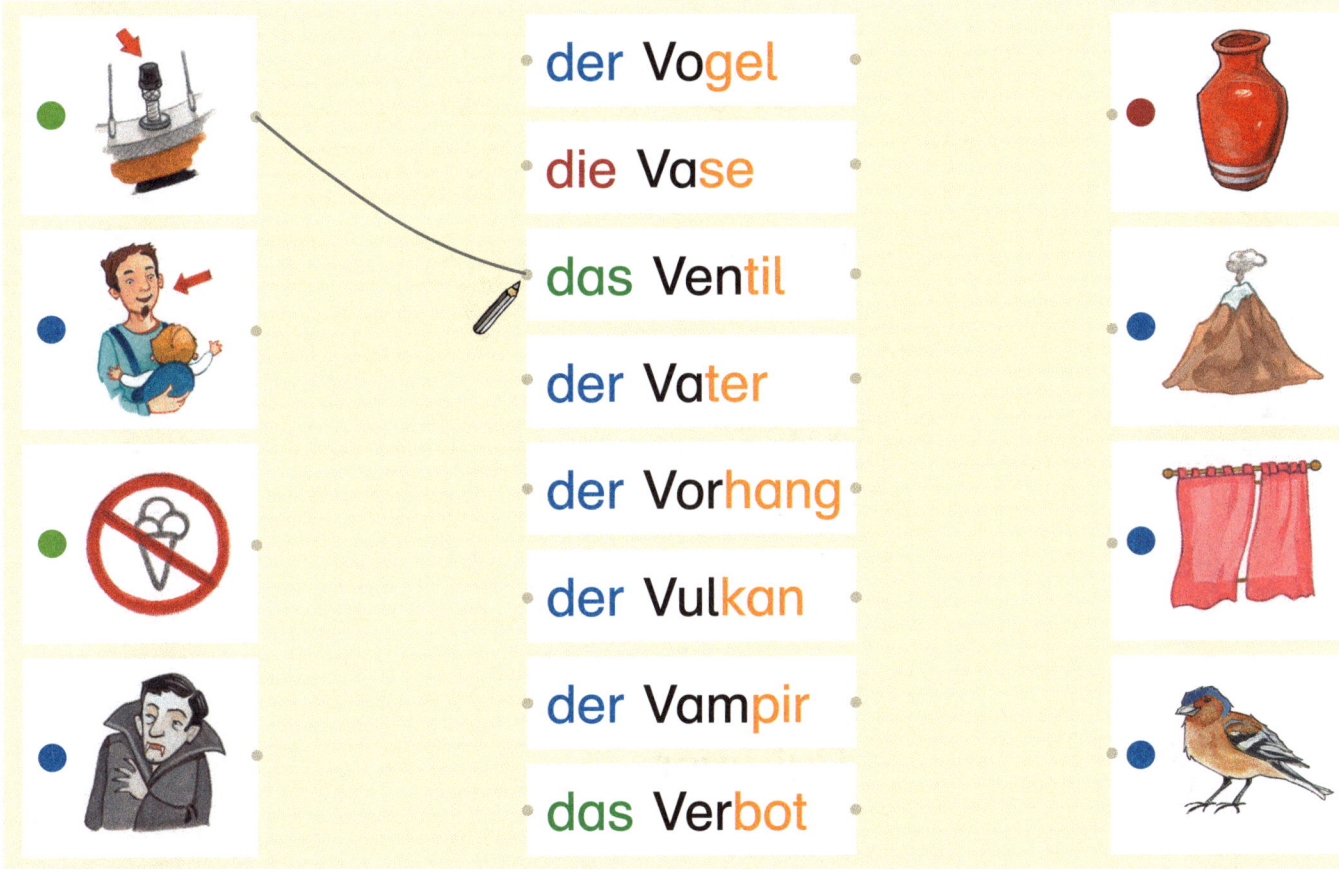

- der Vogel
- die Vase
- das Ventil
- der Vater
- der Vorhang
- der Vulkan
- der Vampir
- das Verbot

---

4   V wie in Vase  V wie in Vogel

die Vase

der Vogel

Hier klingt das **V** immer wie in Vase.

 · Kla**vier**

 · Pul**v**er · das

 · Va**s**e

 · Kur**ve**

 · Pul**lo**ver

---

6

 ver**su**chen ◯
ver**lau**fen ◯
ver**zie**ren ◯

 vor**le**sen ◯
vor**ma**chen ◯
vor**lau**fen ◯

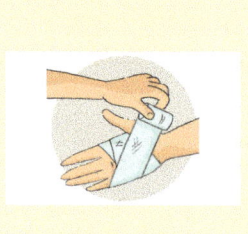 ver**bin**den ◯
ver**kau**fen ◯
ver**ge**ben ◯

vor der Kurve, vor der Kurve

vor dem Vorhang, vor dem Vorhang

vor vier Minuten, vor vier Minuten

5: Bild mit passendem Wort verbinden, V v markieren, Wort abdecken und mit Artikel abschreiben;
6: passendes Wort zum Bild ankreuzen; **Tipp:** Hinweis auf Vorsilben „ver" und „vor"

Vogel, komm!

Der Vorhang ist rosa.

In der Vase sind

vier rote Blumen.

Ein grüner Vogel

landet auf dem braunen Klavier.

Vater will den Vogel einfangen.
Er lockt ihn mit gelben Körnern.

  Was passiert hier?

7: Text lesen, Bild passend anmalen; **Diff.:** Tandemlesen/V v suchen und markieren;
: mit dem Buchstabenhaus zum Bild schreiben

55

 **J j**

1

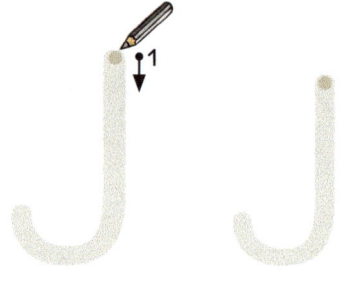

J

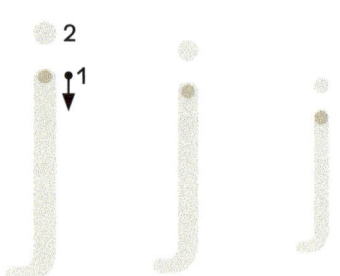

j

2

 Jacke

 Junge

jagen

jung

Der Junge jagt eine Mücke.

  1: J j mit mindestens drei Farben nachspuren und in Lineatur schreiben;
2: Wörter und Satz nachspuren, abdecken und abschreiben

3 👂 ✏️ | J | j |

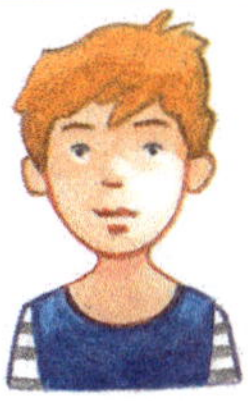

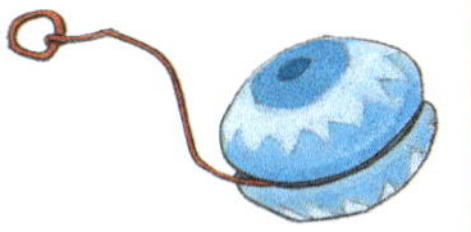

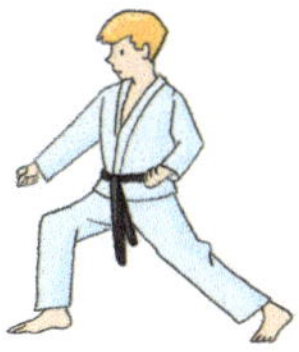

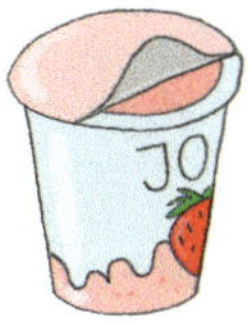

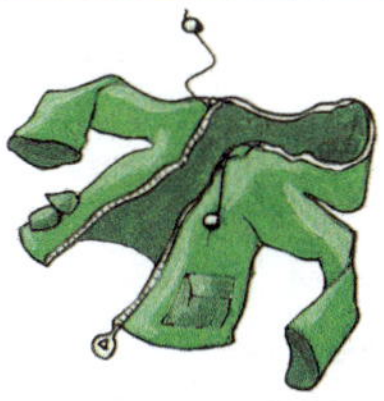

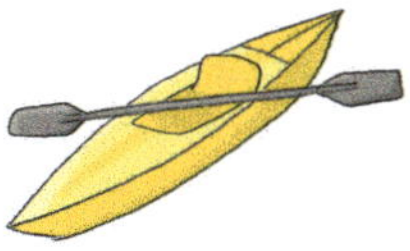

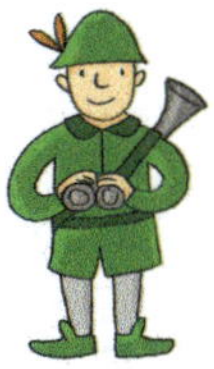

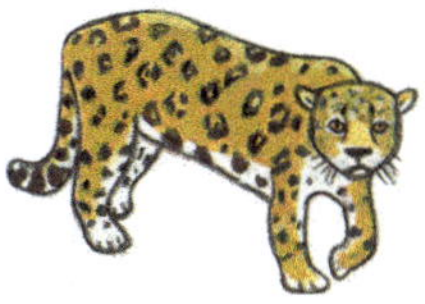

4 👂 👏 ✏️

jubeln, jubeln, jubeln

der Junge, der Junge

Ein Junge jubelt.

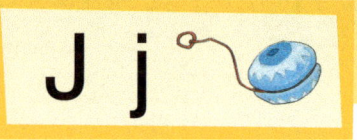

J j

5

Judo ○
Jubel ○
Junge ○

Kajak ○
Kajüte ○
Kamel ○

Jacke ○
Jaguar ○
Januar ○

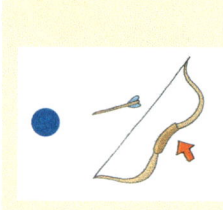

Boden ○
Boje ○
Bogen ○

6

Juni

Juli

Jahr

Januar

der

5: passendes Wort zum Bild ankreuzen;
6: Bild mit passendem Wort verbinden, abdecken und mit Artikel abschreiben

Im **Jah**res**kreis**

Das Jahr hat zwölf Monate. ◯

Im Januar ist es oft sehr kalt. ◯

Im März scheint nachts die Sonne. ◯

Im Juni jammern alle über Schnee. ◯

Im Juli feiern alle Jungen Fasching. ◯

Im Dezember ist Weihnachten. ◯

  Woran erinnerst du dich gern?

7: Text lesen, Bild passend anmalen; **Diff.:** Tandemlesen/J j suchen und markieren;
🐾: mit dem Buchstabenhaus zum Bild schreiben

 59

St st

1

St St

st st

2

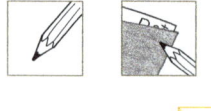 Stern

 staunen

 starten

 stark

Du hörst:

Sch wie in ,

dann **T** wie in .

Du schreibst:

St wie in ⭐.

eine Stufe, eine Stufe

eine steile Stufe

Wir steigen Stufen hinauf.

1: St st mit mindestens drei Farben nachspuren und in Lineatur schreiben;
2: Wörter nachspuren, abdecken und abschreiben

3

Stift

Stuhl

Stempel

der

Stiefel

4

Der Storch auf dem Stall

Auf dem Hof steht ein brauner Stall.

Das Dach ist rot.

Das Tor ist grün.

Vor dem Stall

liegen drei Steine.

Auf dem Dach steht ein Storch.

Er hat einen roten Schnabel.

3: Bild mit passendem Wort verbinden, St markieren, Wort abdecken und mit Artikel abschreiben;
4: Text lesen, Bild passend anmalen; **Diff.:** Tandemlesen/St st suchen und markieren

61

Sp sp

1

Sp Sp

sp sp

Sp

sp

2

 Sport

 spielen

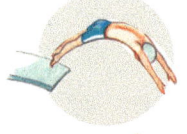 springen

 sparen

Du hörst:

Sch wie in ,

dann **P** wie in .

Du schreibst:

Sp wie in .

die Spinne, die Spinne

Die Spinne spinnt.

Die Spinne spinnt Fäden.

  1: Sp sp mit mindestens drei Farben nachspuren und in Lineatur schreiben;
2: Wörter nachspuren, abdecken und abschreiben

3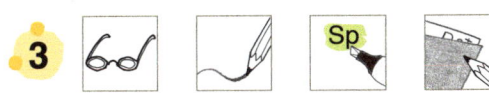

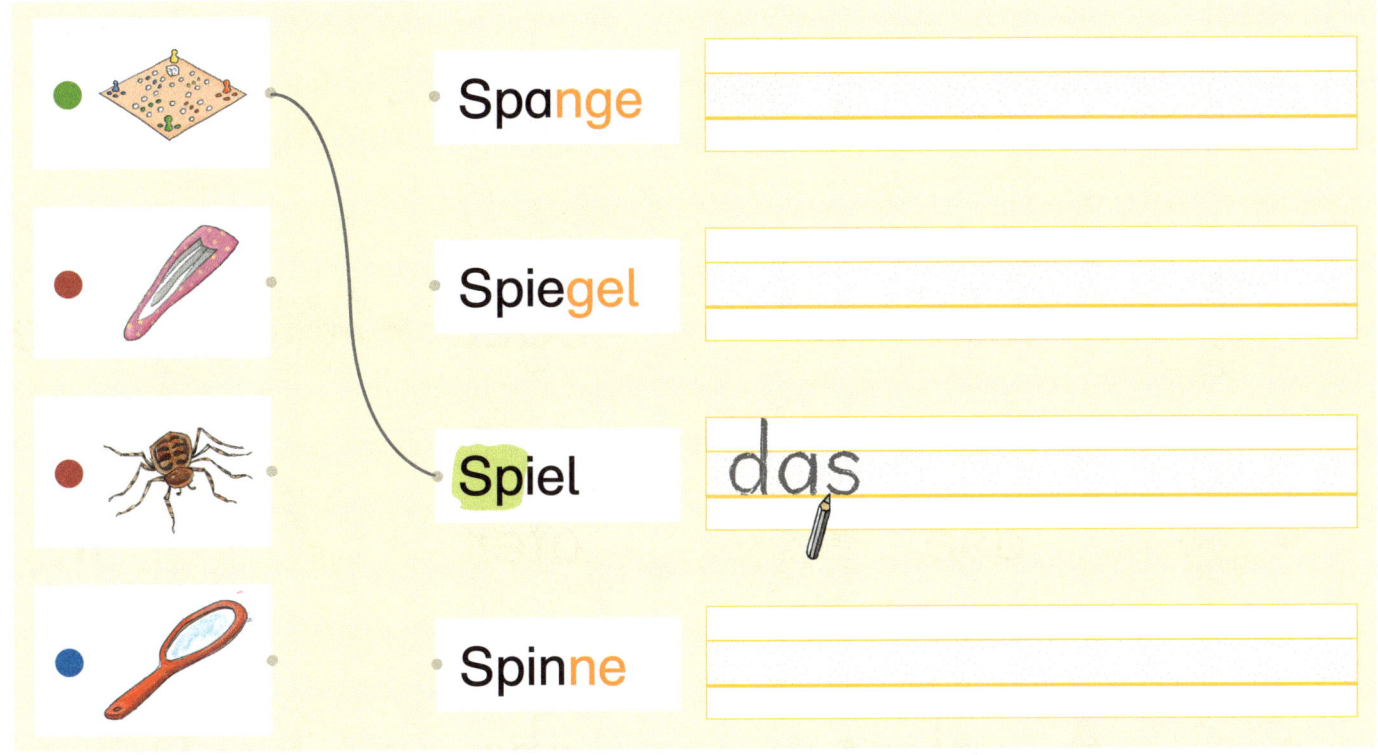

Spa**nge**

Spie**gel**

Spiel — das

Spin**ne**

4

Der Specht

Der Specht hat ein**en** kräf**t**igen Man**tel** / Schna**bel** .

Er füt**tert** sein Mo**ped** / Jun**ges** mit klei**nen** Spin**nen**.

Das Jun**ge** sperrt den Schna**bel** weit / nicht auf.

Spä**ter** lernt es zu spre**chen** / flie**gen** .

Es spannt sei**ne** Flü**gel** auf und spart / fliegt los.

3: Bild mit passendem Wort verbinden, Sp markieren, Wort abdecken und mit Artikel abschreiben;
4: Text lesen, nicht passende Wörter durchstreichen

63

Das kann ich schon

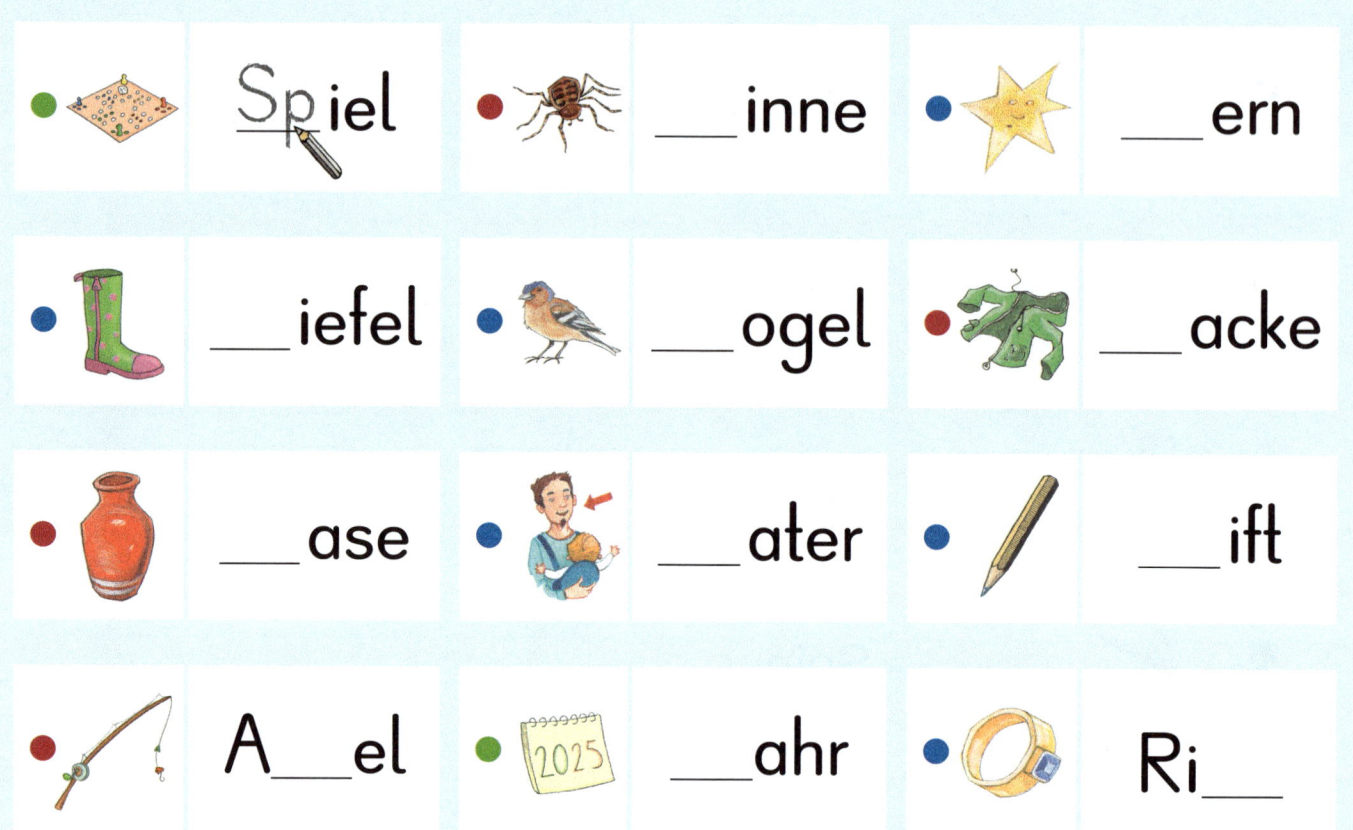

Sp_iel_	___inne	___ern
___iefel	___ogel	___acke
___ase	___ater	___ift
A___el	___ahr	Ri___

 der

die Kur**ve**   das Ju**do**   der Stein   der Jun**ge**   die Zunge   ~~der Sport~~

1: fehlende Buchstaben ergänzen;
2: Wörter schreiben

3 ⟨ear⟩ ⟨clap⟩ ⟨glasses⟩ ⟨pencil crossed⟩

●	Spange ○		stellen ○
	Spalte ○		steigen ○
	Spaten ○		stehlen ○
●	Vater ○		spinnen ○
	Vase ○		springen ○
	Vampir ○		spielen ○
●	Jahr ○		verschlingen ○
	Januar ○		verlangen ○
	Jaguar ○		verlieren ○

---

4 ⟨glasses⟩ ⟨pencil crossed⟩

Verstecken

Fatma zählt langsam bis 10. ○
Ihre Freunde verstecken sich. ○

Tim steht hinter dem Baum. ○
Ein Junge hockt auf dem Strauch. ○

Fatma findet zuerst Tim. ○
Tim rennt schnell weg. ○

Eu eu

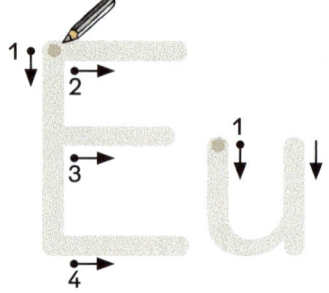 Eu Eu

eu eu

2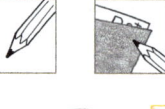

 Euro

 Eule

 heulen

 freuen

Die Eule kostet neun Euro.

1: Eu eu mit mindestens drei Farben nachspuren und in Lineatur schreiben;
2: Wörter und Satz nachspuren, abdecken und abschreiben

3 | Eu | eu | eu |

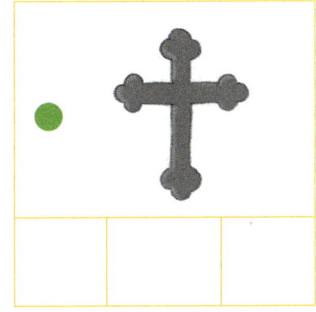

4

Au Eu Ei
sind auch dabei.

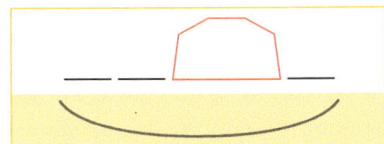

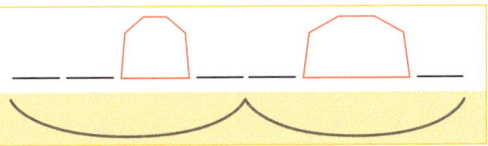

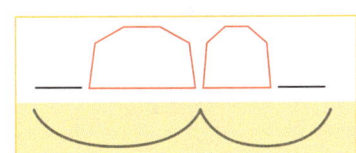

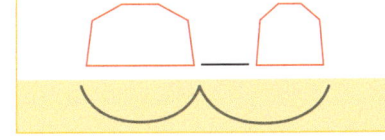

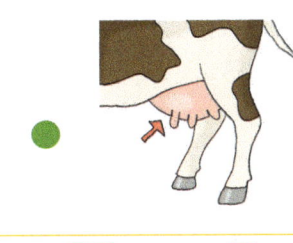

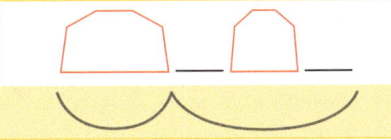

das Feuer, das Feuer

Das Feuer leuchtet.

Das Feuer leuchtet hell.

Eu eu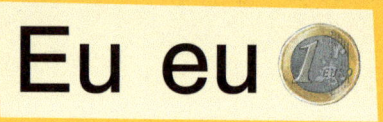

Eu**ter** ○

Eu**le** ○

Eu**ro** ○

Beu**te** ○

Beu**le** ○

Beu**tel** ○

Krug ○

Kreuz ○

Kran ○

Freund ○

Frost ○

Frau ○

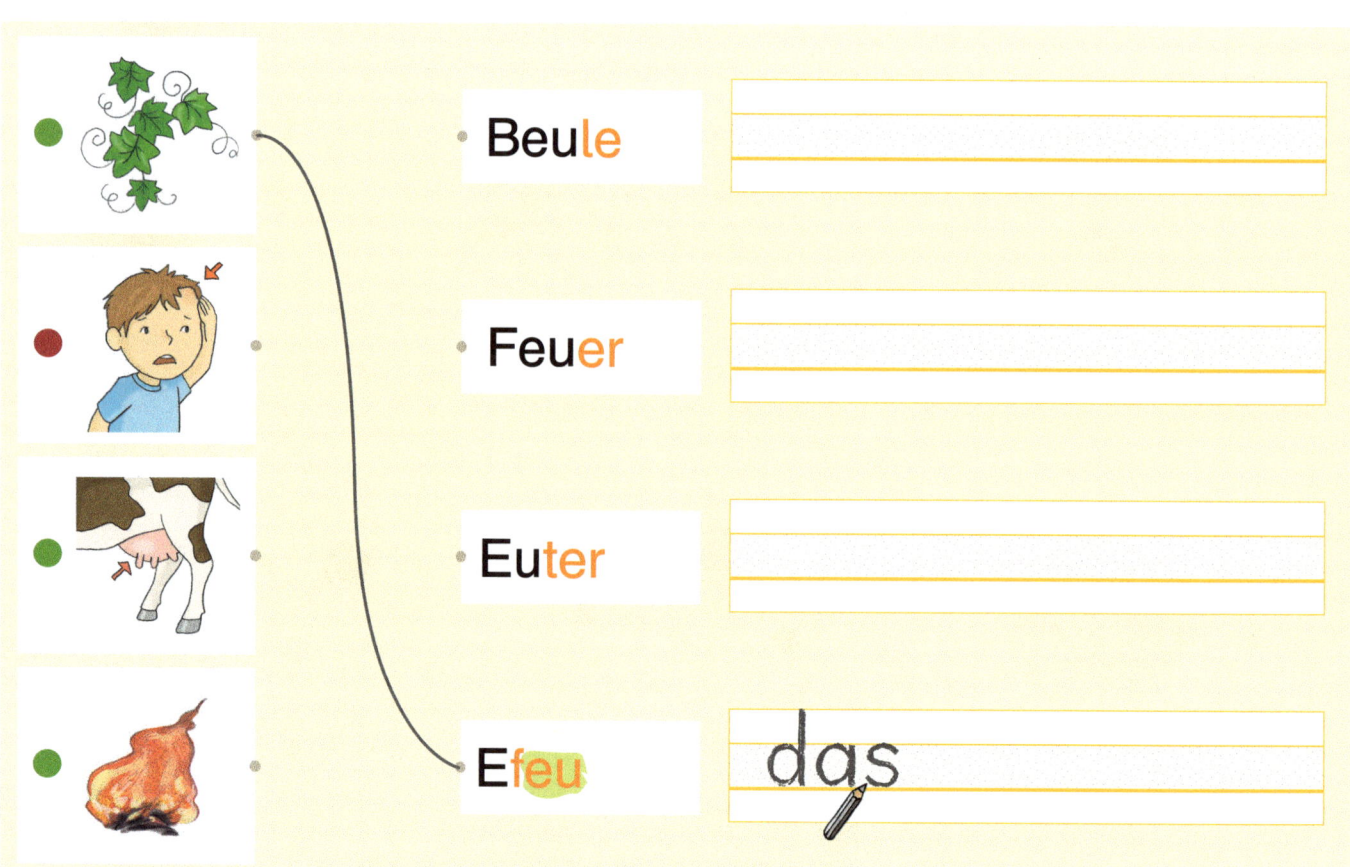

Beu**le**

Feu**er**

Eu**ter**

E**feu** · das

5: passendes Wort zum Bild ankreuzen;
6: Bild mit passendem Wort verbinden, eu markieren, Wort abdecken und mit Artikel abschreiben

Die Eule

Heute ist ein [Sportfest / Hafenfest] .

Viele Leute [liegen / kommen] dahin.

Sie [freuen / ärgern] sich über die bunten Stände.

Jonas möchte eine [Beule / Eule] kaufen.

Die Eule kostet leider neun [Autos / Euro] .

Vater sagt: „Das ist doch viel zu [teuer / laut] ."

  Wie geht die Geschichte weiter?

1

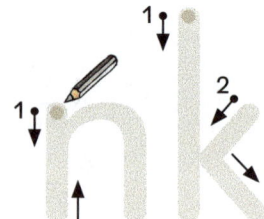 nk nk

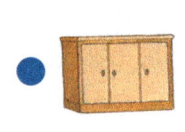 Schrank

 links

 Der Schrank steht links.

2

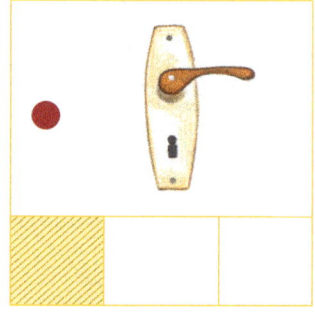

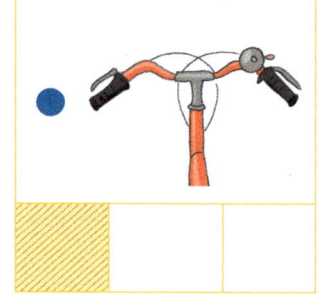

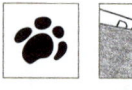 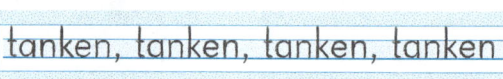

tanken, tanken, tanken, tanken

Mama tankt, Mama tankt

Mama tankt den Tank voll.

1: nk mit mindestens drei Farben nachspuren, in Lineatur schreiben; Wörter und Satz nachspuren, abdecken und abschreiben; 2: Eu eu hören (Inlaut/Auslaut) und schreiben

3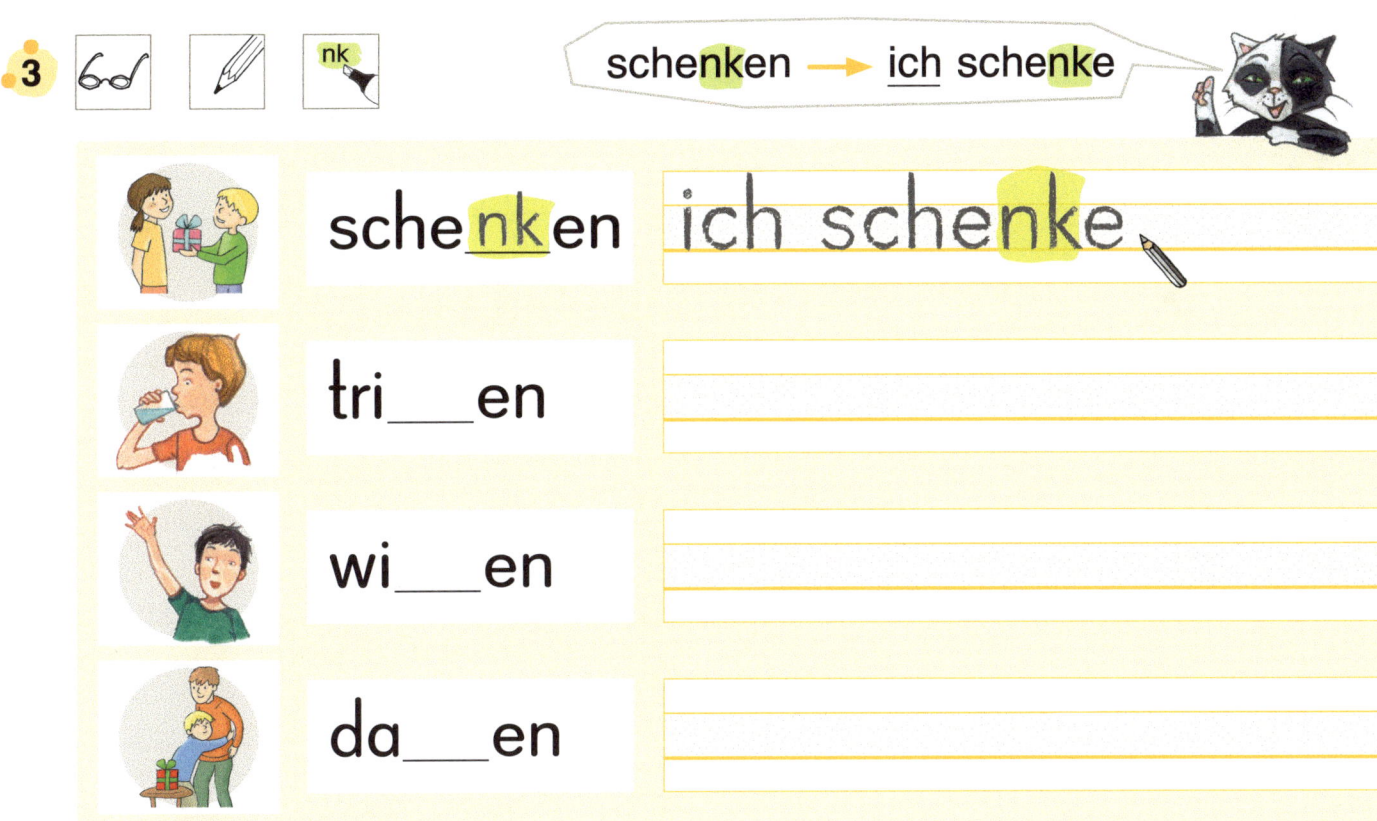

schenken → ich schenke

	sche**nk**en	ich schenke
	tri___en	
	wi___en	
	da___en	
	bli___en	

4

Nachts am Wasser

Es ist schon dunkel. ◯

Kein Stern funkelt am Himmel. ◯

Es ist Vollmond. ◯

Ein Tanker fliegt über den Hafen. ◯

Ein Leuchtturm blinkt ganz hell. ◯

Viele Leute winken dem Schiff zu. ◯

Das Schiff versinkt im Meer. ◯

3: nk eintragen, Ich-Form bilden und Wort schreiben, nk markieren;
4: passende Sätze zum Bild ankreuzen; Diff.: Tandemlesen

71

Pf pf

1

Pf   Pf   Pf   Pf

pf   pf   pf   pf

2

 Pferd

 Strumpf

 kämpfen

 pfeifen

Sprich das **Pf pf** so,
dass man es hört.

pflegen, pflegen, pflegen

die Pflanze, die Pflanze

Ich pflege die Pflanze.

1: Pf pf mit mindestens drei Farben nachspuren, in Lineatur schreiben;
2: Wörter nachspuren, abdecken und abschreiben

3

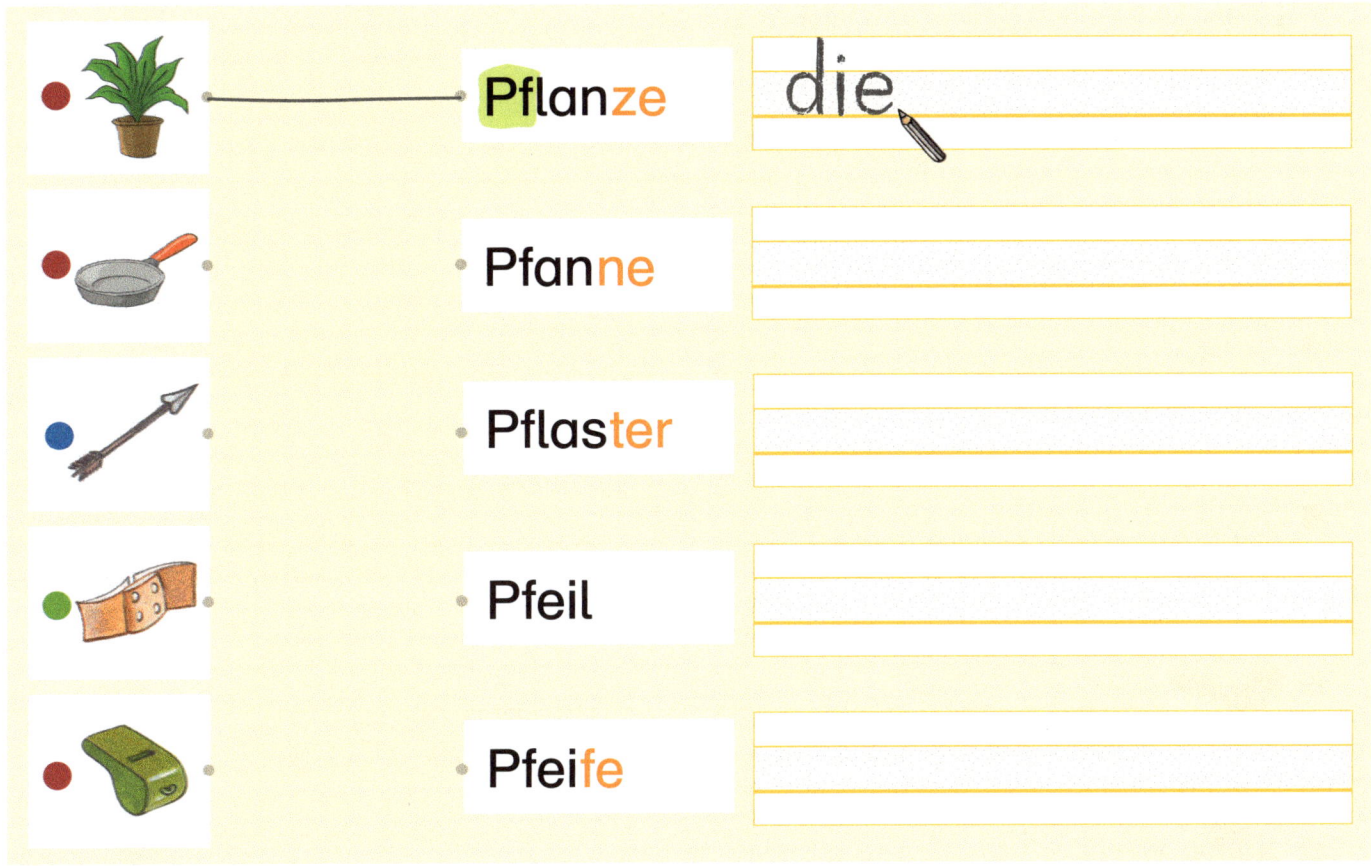

Pflanze — die

Pfanne

Pflaster

Pfeil

Pfeife

4

Am Hafen

Die Pflastersteine sind grau.

Ein Kind lehnt am braunen Pfosten.

Auf dem Kopf hat es eine Kappe.

Es isst einen roten Pfirsich.

Auf seinem Knie klebt ein Pflaster.

Ein gelber Dampfer legt an.

3: Bild mit passendem Wort verbinden, Pf markieren, Wort abdecken und mit Artikel abschreiben;
4: Text lesen, Bild passend anmalen; Diff.: Tandemlesen/Pf pf suchen und markieren

73

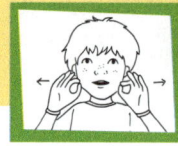

-tz ⚡

1

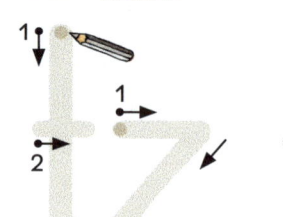 tz  tz

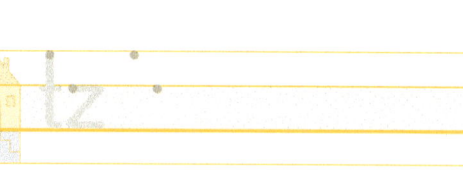 tz

 Katze

 Tatze

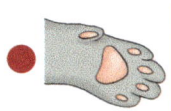 Spitzer

 Mütze

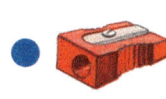 kratzen

Katzen kratzen mit Tatzen.

Klit**ze**klei**ne** Spat**zen**
ha**ben** Angst vor Kat**zen**.

der Blitz, der Blitz, der Blitz

die Hitze, die Hitze, die Hitze

In der Hitze blitzen Blitze.

 1: tz mit mindestens drei Farben nachspuren, in Lineatur schreiben;
Wörter und Satz nachspuren, abdecken und abschreiben

2 👓 ✏️ tz

spritzen → ich spritze

🖼️	spri**tz**en	**ich spritze**
🖼️	spi___en	
🖼️	si___en	
🖼️	schwi___en	

3 👓 ~~Wort~~

Das Ge**wit**ter

Heu**te** ist es sehr [warm / rund] .

Die [Pflan**zen** / Men**schen**] schwit**zen**.

[Grü**ne** / Schwar**ze**] Wol**ken** er**schei**nen.

Erste Blit**ze** [zu**cken** / schla**fen**] grell auf.

[Al**le** / Kei**ne**] Leu**te** flit**zen** zur Hal**le**.

Sie wol**len** sich vor den Blit**zen** [schüt**zen** / schät**zen**] .

Das kann ich schon

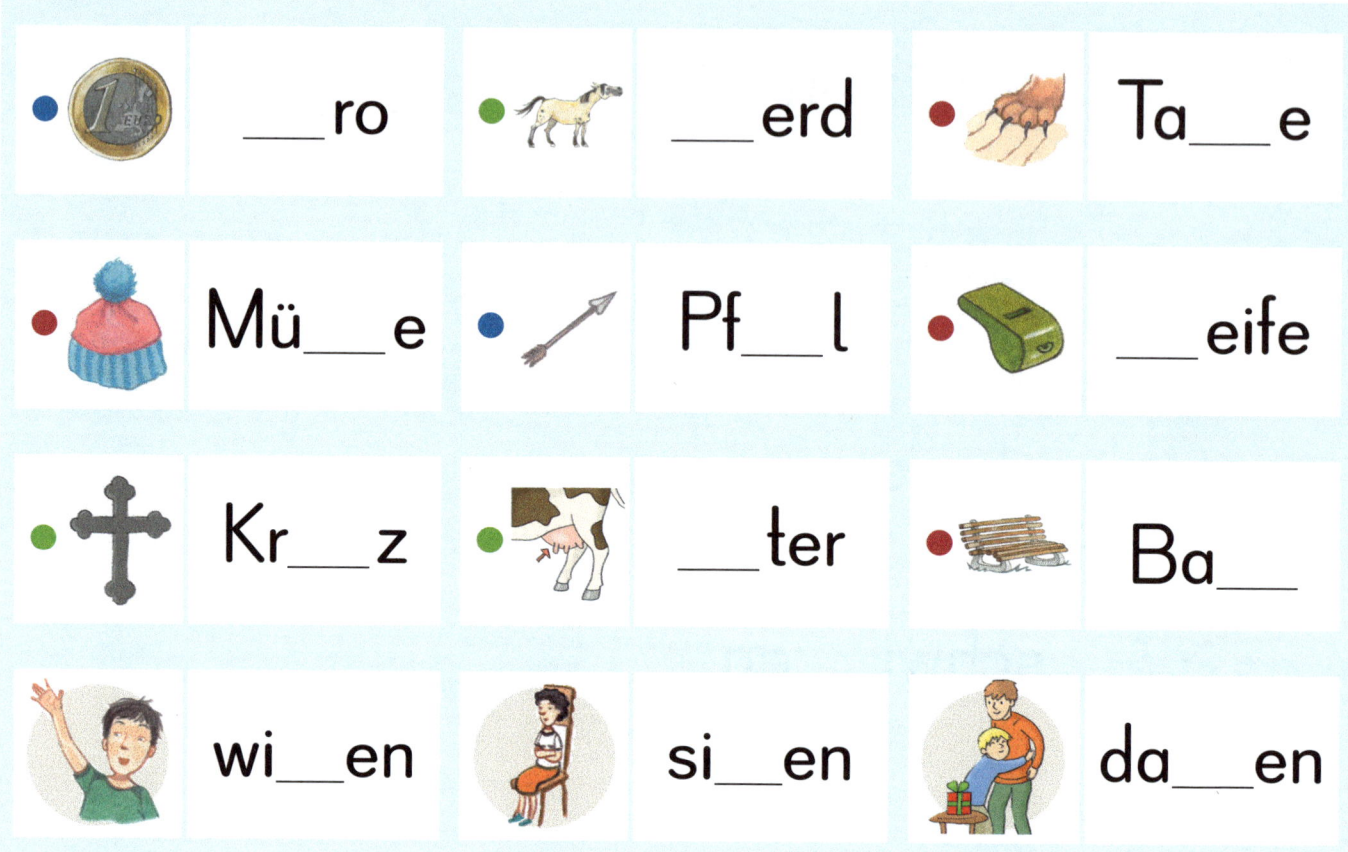

- ___ro
- ___erd
- Ta___e
- Mü___e
- Pf___l
- ___eife
- Kr___z
- ___ter
- Ba___
- wi___en
- si___en
- da___en

2

-  die
-
-
-
-
-

der Lenker   der Strumpf   ~~die Mütze~~   der Blitz   die Katze   die Pfanne

1: fehlende Buchstaben ergänzen;
2: Wörter schreiben

3

Eu**ter**	◯
Eu**le**	◯
Eu**ro**	◯

blin**ken**	◯
trin**ken**	◯
win**ken**	◯

stamp**fen**	◯
kämp**fen**	◯
damp**fen**	◯

sit**zen**	◯
blit**zen**	◯
flit**zen**	◯

---

4   Wort

Tie**fe** Pfüt**zen**

Es hat ge**blitzt**, ge**don**nert und | ge**lacht** / ge**reg**net | .

Über**all** sind tie**fe** | Pfüt**zen** / Pfer**de** | .

Jo**nas** hat ei**nen** | Tan**ker** / Trak**tor** | ge**bas**telt.

Er | möch**te** / malt | ihn in ei**ne** Pfüt**ze** set**zen**.

Doch da blitzt es schon | wie**der** / ges**tern** | .

Jo**nas** muss im | Tank / Haus | blei**ben**.

Äu äu

1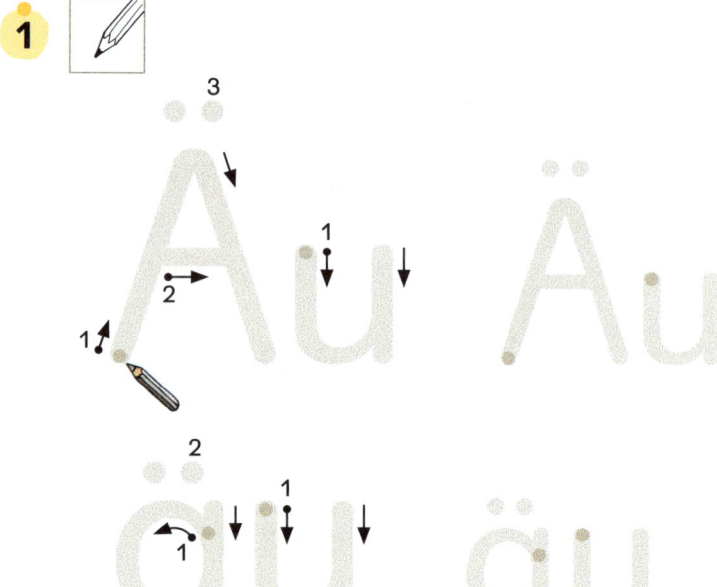

Äu Äu   Äu   Äu

äu äu   äu   äu

2

Aus au wird äu.

die Maus   die Mäuse
das Haus   die Häuser
der Baum   die Bäume

 Mäuse

 Häuser

Bäume

Katzen träumen von Mäusen.

1: Äu äu mit mindestens drei Farben nachspuren und in Lineatur schreiben;
2: Wörter und Satz nachspuren, abdecken und abschreiben ⟷

3

 au ⟷ äu

 das H<mark>au</mark>s ⟷ die H<mark>äu</mark>ser

 der Z___n ⟷ die Z___ne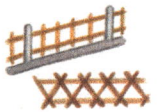

 der B___m ⟷ die B___me

 die F___st ⟷ die F___ste

4

 A E I O U ,
auch das Äu gehört dazu.

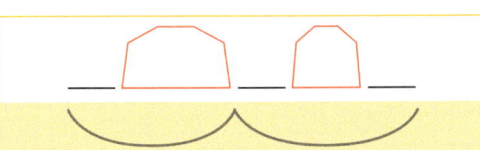 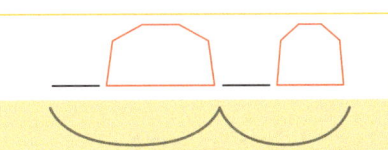 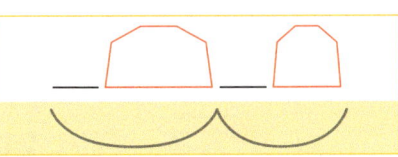

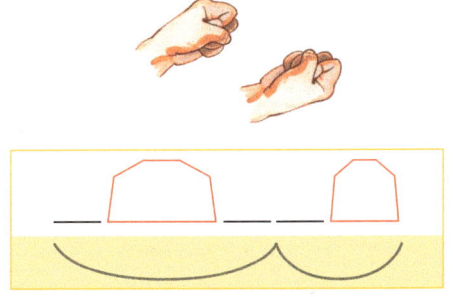 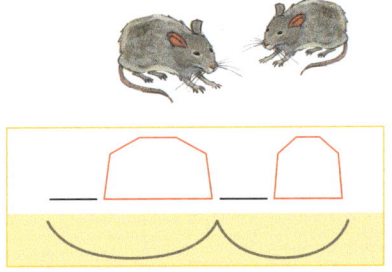

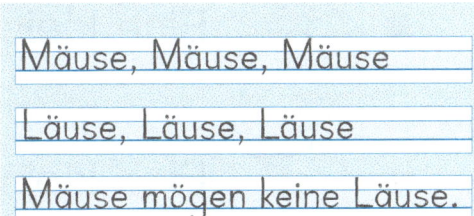

Mäuse, Mäuse, Mäuse

Läuse, Läuse, Läuse

Mäuse mögen keine Läuse.

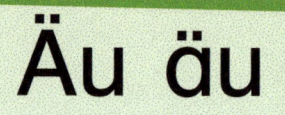

5

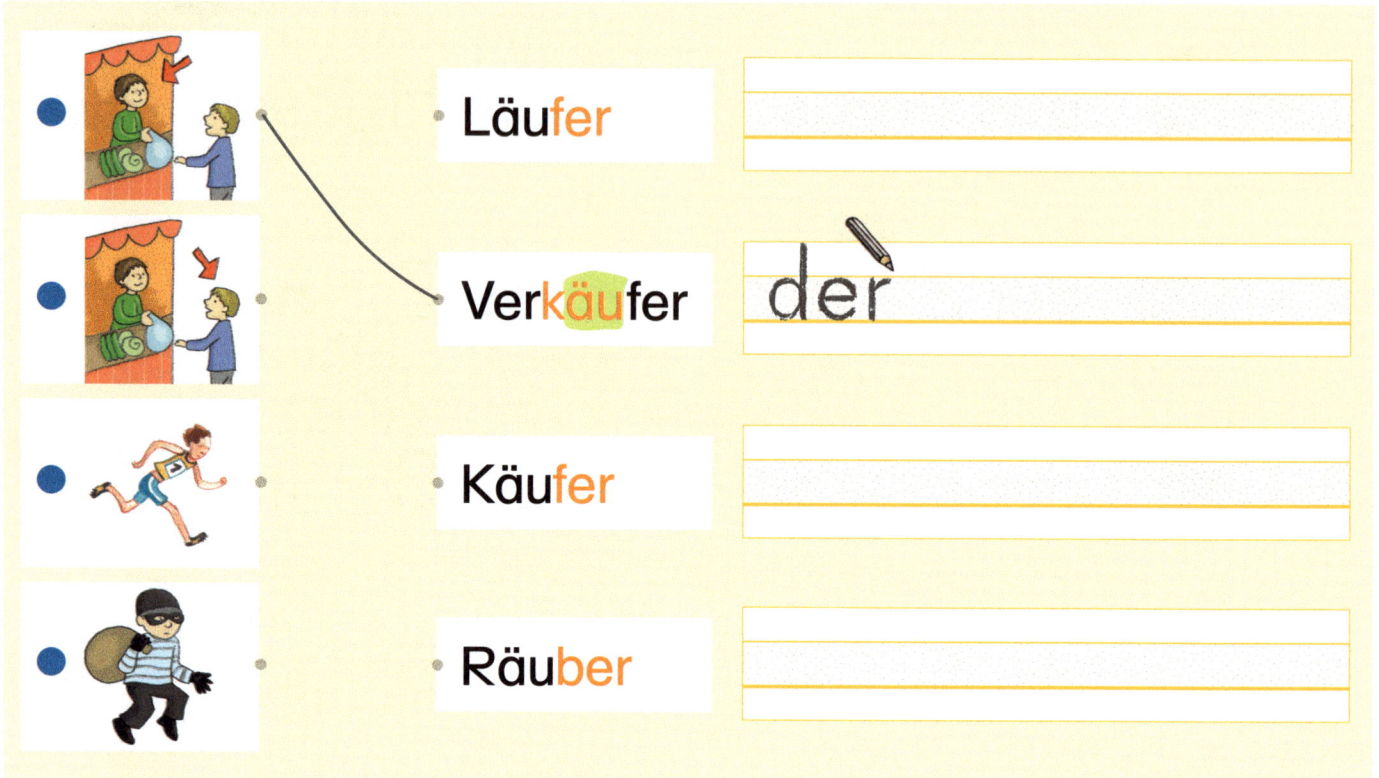

Läu**fer**

Ver**käu**fer   der

Käu**fer**

Räu**ber**

6

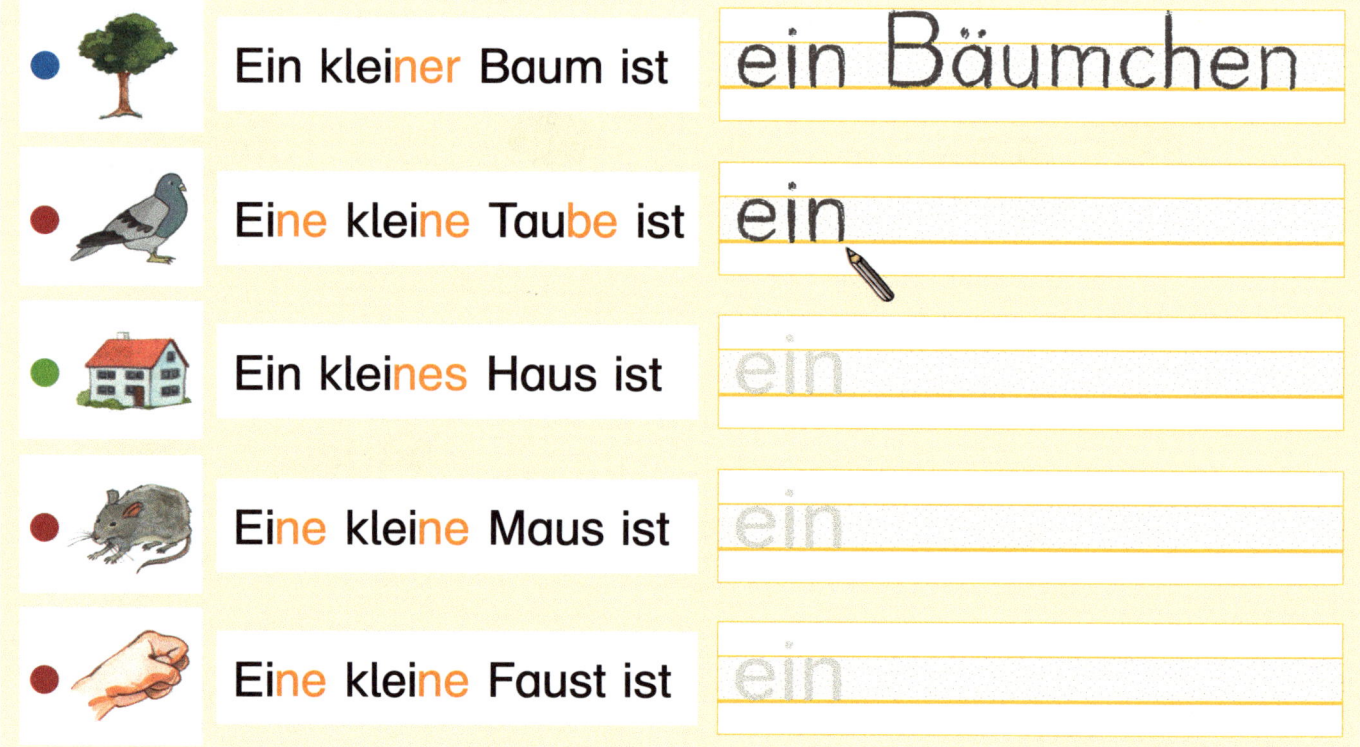

Ein klei**ner** Baum ist   ein Bäumchen

Ei**ne** klei**ne** Tau**be** ist   ein

Ein klei**nes** Haus ist   ein

Ei**ne** klei**ne** Maus ist   ein

Ei**ne** klei**ne** Faust ist   ein

5: Bild mit passendem Wort verbinden, äu markieren, Wort abdecken und mit Artikel abschreiben;
Tipp: Hinweis auf Ableitung vom Verb; 6: Verkleinerungsform bilden und schreiben ↔

Mäuschen im Häuschen

Es waren einmal | drei / vier | Mäuschen.

Die | bauten / kochten | sich ein Häuschen.

Davor | riefen / stellten | sie ein Zäunchen

und pflanzten dahinter | vier / drei | Bäumchen.

Was | machten / krachten | sie im Mäusehäuschen?

Sie | legten / lachten | sich ins Mäusefäustchen.

  Was machen die Mäuse noch?

▸ _____

▸ _____

▸ _____

▸ _____

▸ _____

▸ _____

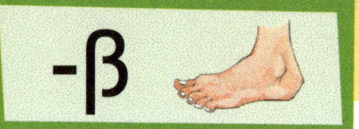

1

ß

ß   ß

Floß

Straße

Strauß

Fuß

groß

Der Fuß ist groß.

Hmm, dreißig große,
weiße Mäuse.

heiß, heiß, heiß, heiß, heiß, heiß

der Kloß, der Kloß, der Kloß

Der Kloß ist heiß.

1: ß mit mindestens drei Farben nachspuren, in Lineatur schreiben;
Wörter und Satz nachspuren, abdecken und abschreiben

2 👓 ✏️ ß

heißen ↔ ich heiße

heißen	ich heiße
bei__en	
rei__en	
schmei__en	

---

3 👓 ✏️ ~~Wort~~

Der Maler Strauß

Unser Maler heißt Strauß .

Er ist dreißig Jahre _____ .

Herr Strauß ist sehr _____ .

Er misst mit dem _____ .

Er will alle Wände weiß _____ .

Das macht Herrn Strauß richtig _____ .

| Spaß | groß | ~~Strauß~~ | Maßband | alt | streichen |

1

X X

 x x

2

Mixer ... Mixer

Boxer ... Boxer

Axt ... Axt

Hexe ... Hexe

Ein Wort mit **x**
kennt ihr al**le**.

boxen, boxen, boxen, boxen

der Boxer, der Boxer

Der Boxer boxt.

  1: X x mit mindestens drei Farben nachspuren, in Lineatur schreiben;
2: Wörter nachspuren, abdecken und abschreiben

3

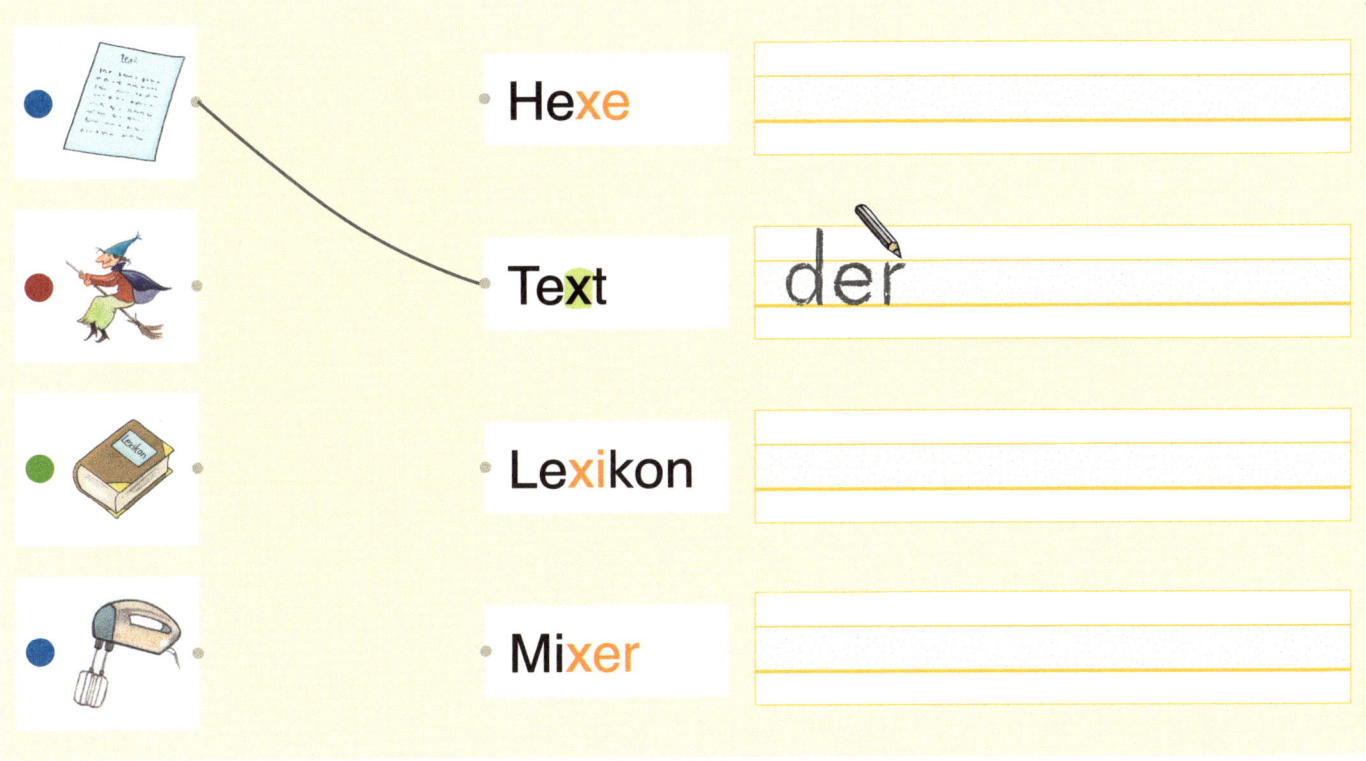

Hexe

Text **der**

Lexikon

Mixer

4

Ver**flixt**!

Ein Taxi hält an der | Brücke / Baustelle | .

Familie Xafis steigt fix aus.

Alle wollen das neue Haus | sehen / baden | .

Papa hat extra gestern Abend

den | Schlitten / Schlüssel | geholt.

Verflixt, der Schlüssel | passt / rennt | nicht.

Soll Papa die | Axt / Acht | nehmen?

Qu qu

  1

 Qu Qu  Qu .... Qu

 qu qu  qu .... qu

 2

 Quark

 Quatsch

 Aquarium

 quaken

 So ein Quatsch.

 Miau.

die Qualle, die Qualle

das Aquarium, das Aquarium

Die Qualle ist im Aquarium.

  1: Qu qu mit mindestens drei Farben nachspuren, in Lineatur schreiben;
2: Wörter nachspuren, abdecken und abschreiben

3

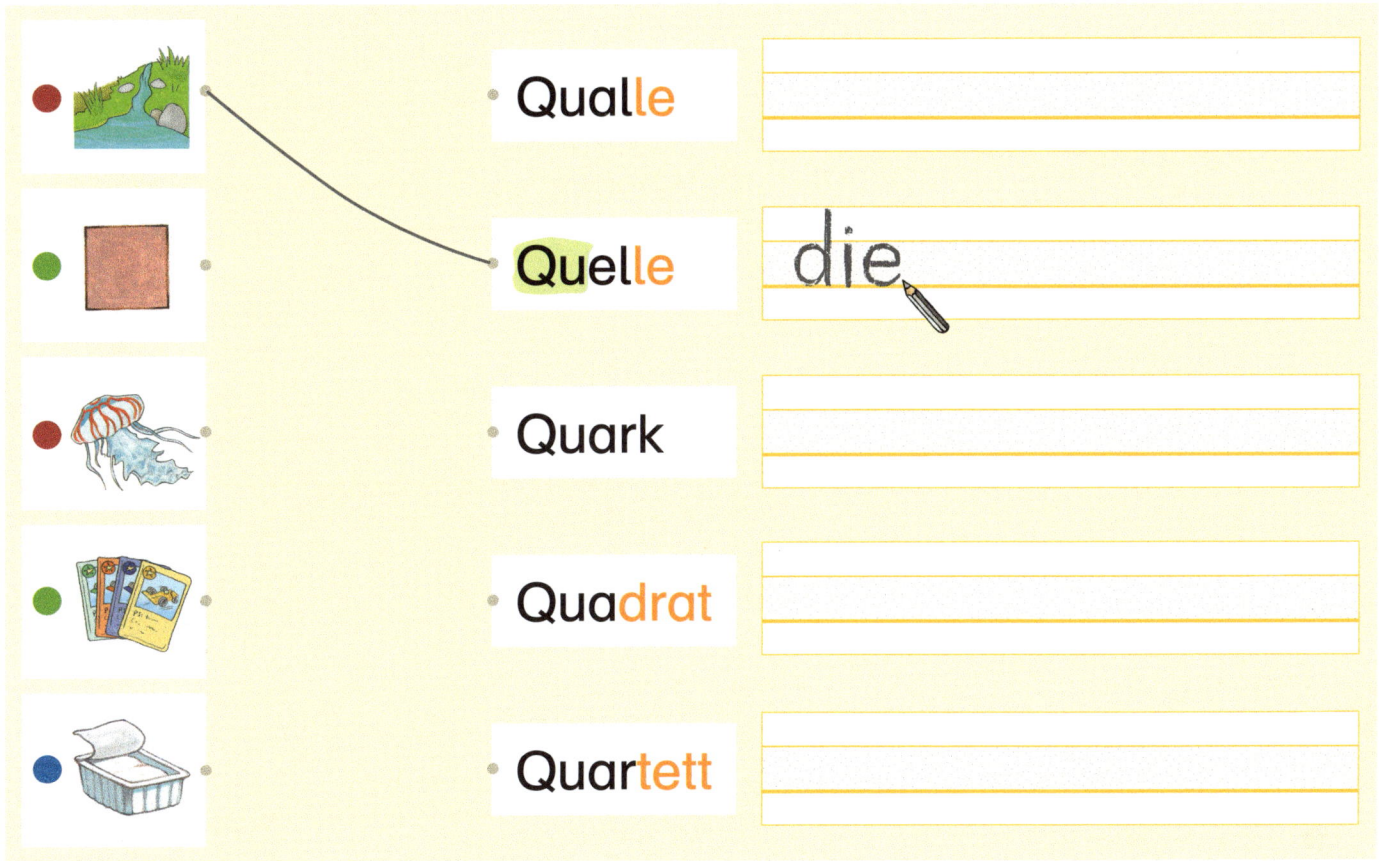

●		• Qual**le**	
●		• **Que**l**le**	*die*
●		• Quark	
●		• Qua**drat**	
●		• Quar**tett**	

---

4 6d ✏ ~~Wort~~

Kleines Quiz

Was hat vier E**ck**e**n**? das ,Quadrat

Was schwimmt im Meer? die ,_____

Was schmeckt manch**mal** süß? der _____

Was spie**len** Kin**der** gern? _____

Was reimt sich auf Ze**lle**? die _____

Quar**tett**	Que**lle**	Quark	Qual**le**	~~Quadrat~~

1

Y Y

y y

2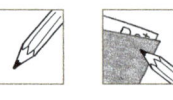

 Yoga

 Olympiade

 Teddy

 Xylofon

Y y klingt
unterschiedlich:
wie **J** in Yoga,
wie **ü** in Olympia,
wie **i** in Teddy.

das Baby, das Baby

der Teddy, der Teddy

Das Baby hat einen Teddy.

  1: Y y mit mindestens drei Farben nachspuren, in Lineatur schreiben;
2: Wörter nachspuren, abdecken und abschreiben

3

Baby

Teddy

Yak

Xylofon

Pyramide

Yoga

Y wie in	y wie in 	y wie in

---

4

Ferien

Tim fährt auf einen Ponyhof .

Da kann er täglich _____ .

Lena fliegt nach _____ .

Sie will die Pyramiden _____ .

Paul verreist dieses Jahr _____ .

Sein Bruder ist noch ein kleines _____ .

Baby   reiten   sehen   nicht   ~~Ponyhof~~   Ägypten

1

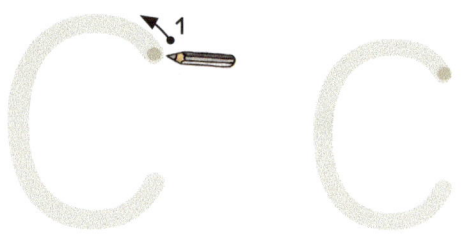

2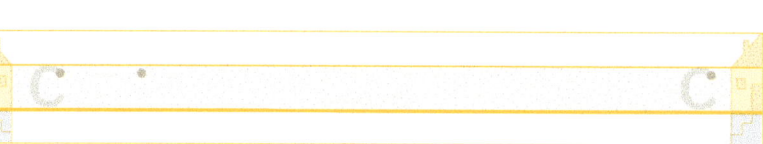

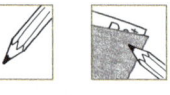 Computer

 Creme

 Cent

 Popcorn

In den meisten Wörtern wird das **C** wie **K** gesprochen. In welchen nicht?

der Comic, der Comic

der Cent, der Cent

Der Comic kostet 90 Cent.

1: C c mit mindestens drei Farben nachspuren, in Lineatur schreiben;
2: Wörter nachspuren, abdecken und abschreiben

3

Clown: Sprich Klaun!

	Computer	
	Clown	der Clown
	Popcorn	
	Comic	

4

Am Campingplatz

Am Campingplatz ist ein See .

Conny und Carlos dürfen _____ .

Danach müssen sie sich gut _____ .

Conny liest in ihrem _____ .

Carlos möchte eine Cola _____ .

Dafür gibt ihm sein Vater aber keinen _____ .

Comic   kaufen   schwimmen   ~~See~~   Cent   eincremen

3: Bild mit passendem Wort verbinden, C c markieren, Wort abdecken und mit Artikel abschreiben;
4: Text lesen, passende Wörter ergänzen

91

1

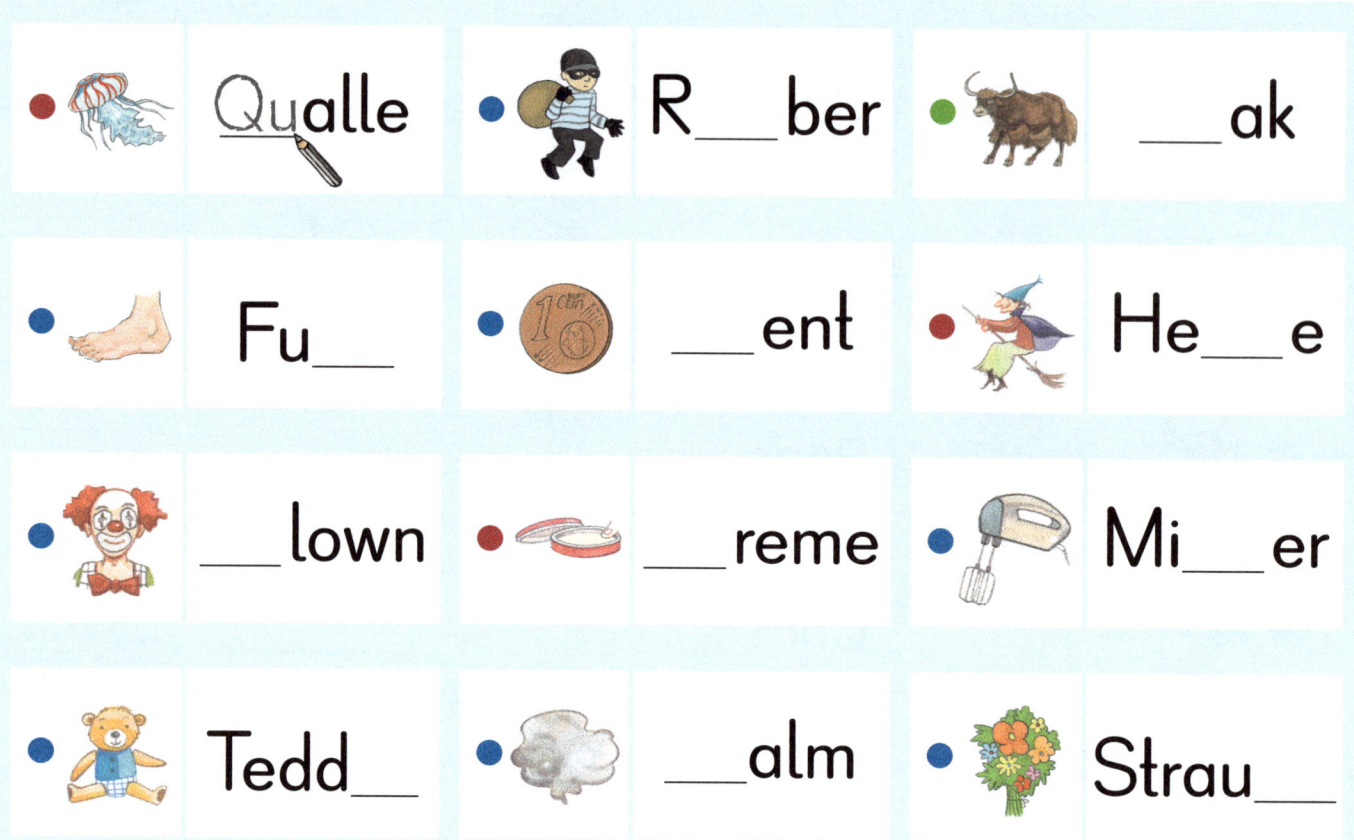

- Qu**alle**
- R___ber
- ___ak
- Fu___
- ___ent
- He___e
- ___lown
- ___reme
- Mi___er
- Tedd___
- ___alm
- Strau___

2

- der
-
-
-
-
-

der Quark   das Baby   der Boxer   der Comic   die Straße   ~~der Käufer~~

  1: fehlende Buchstaben ergänzen;
2: Wörter schreiben

3

		Mixer ◯			reißen ◯
	●	Taxi ◯			beißen ◯
		Hexe ◯			heißen ◯

		Clown ◯			Teddy ◯
	●	Cowboy ◯		●	Handy ◯
		Cent ◯			Baby ◯

4

Ein Ausflug

Mama und Max machen einen <u>Ausflug</u> .

Neben der Straße fließt ein _____ .

Im Wald findet Max die _____ .

Unter den Bäumen machen sie ein _____ .

Mama macht ein Foto mit dem _____ .

Der Ausflug macht ihnen _____ .

Picknick	Quelle	Handy	~~Ausflug~~	Bach	Spaß

Das habe ich gelernt

1

In jeder Silbe ist ein Buchstabe aus dem Dach.

2

Achte auf: **e**, **en**, **el**, **er**.

Bes**en**

der Besen

Fenst__

Mant__

Seif__

1: Silben schwingen oder klatschen, fehlende Buchstaben ergänzen 〰;
2: Endungen ergänzen, Wort abdecken und abschreiben

St oder **Sp**?

- 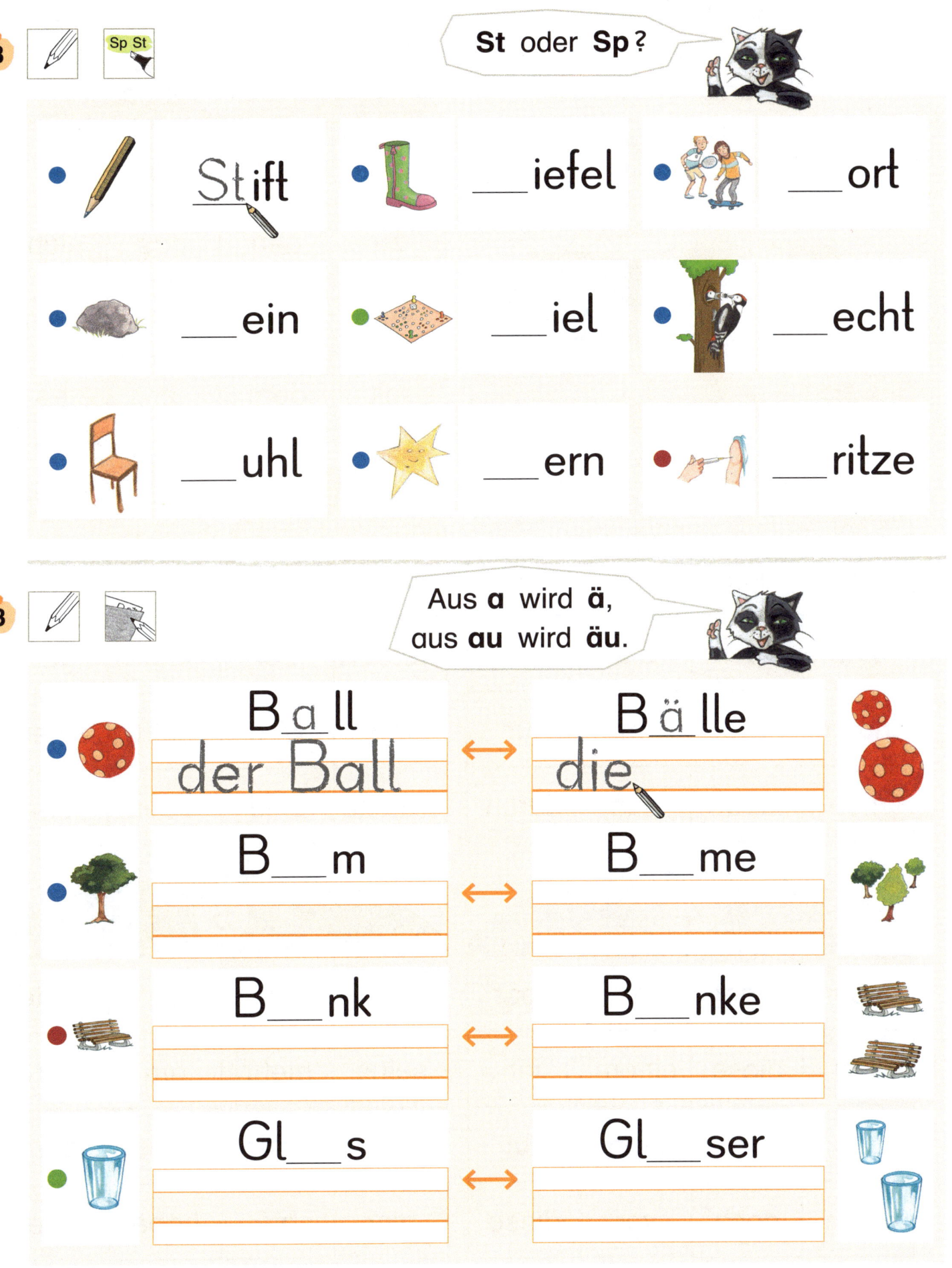 St**ift**
- __iefel
- __ort

- __ein
- __iel
- __echt

- __uhl
- __ern
- __ritze

3

Aus **a** wird **ä**,
aus **au** wird **äu**.

B_a_ll — Bä_lle
der Ball ⟷ die _____

B__m ⟷ B__me

B__nk ⟷ B__nke

Gl__s ⟷ Gl__ser

Blitzlesen

1 👓

die, der, und …

Feld 1:
Auf die Plätze –
fertig –
los !

1

die	der	und	in
zu	den	das	nicht
von	sie	ist	sich
mit	dem	er	es

2

ein	ich	auf	so
eine	auch	als	an
nach	wie	im	für
man	aber	aus	durch

3

wann	nur	war	noch
werden	bei	hat	wir
was	wird	sein	einen
welche	sind	oder	um

4

haben	einer	mir	über
ihm	diese	einem	ihr
uns	da	zum	zur
kann	doch	vor	diese

5

mich	ihn	du	hatte
seine	mehr	am	nun
unter	sehr	selbst	schon
hier	bis	habe	ihre

1: Blitzlesen: Wörter auf einem Feld so schnell wie möglich lesen